Gestión Del Tiempo

Implementación efectiva de técnicas de gestión del tiempo para priorizar tareas críticas y optimizar el enfoque cognitive

Federico del Quiroga

TABLA DE CONTENIDOS

Introducción: 1
Organización Del Tiempo Y Cumplimiento De Horarios 10
Aboliendo Las Actividades Simultáneas 15
Las Ventajas De La Administración Del Tiempo 24
Aceleración Del Aprendizaje: Cómo Adquirir Nuevas Habilidades Y Comenzar Nuevos Proyectos En Un Periodo Reducido De Tiempo. 44
Métodos Y Tácticas Para La Elaboración De Planes 64
La Relevancia De La Administración Del Tiempo ... 86
¿Cuál Es La Mejor Manera De Mejorar La Eficacia En La Lectura De Los Correos Electrónicos? 93
Ladrones De Tiempo 113
La Administración Del Tiempo Y Tus Convicciones 131
La Gestión Del Tiempo En Relación A Tu Realidad 137
Consistir En Tratar A Los Demás Con Afecto Y Deferencia 146
Utilidades Básicas Para El Control Eficiente Del Tiempo 153

Introducción:

El tiempo constituye uno de los activos más preciosos en la vida, dado que es algo que jamás podrá ser recobrado. A continuación, una de las competencias fundamentales para adquirir es la capacidad de gestionar eficientemente el tiempo. En última instancia, el manejo del tiempo representa efectivamente el manejo de nuestra existencia. El propósito consiste en adquirir la habilidad de otorgar un propósito significativo a cada día. No obstante, es necesario deshacerse de la tendencia a procrastinar y cultivar una significativa dosis de autodisciplina.

El dominio de la gestión del tiempo produce más que solo una mayor productividad. Asimismo, puede generar beneficios significativos para la salud. Cuando se administra el tiempo de manera prudente, se logra reducir el nivel de estrés y se alcanza una mejora significativa en la calidad general de vida.

Si con frecuencia siente fatiga debido a su carga de trabajo diaria o se siente abrumado por la complejidad de los proyectos y tareas en su vida, es posible que aún no haya logrado una completa maestría en la gestión eficiente del tiempo. Conforme transcurre el día, tomas conciencia de que te encuentras retrasado o simplemente estás en el horario debido a que no has desplegado tu máximo esfuerzo con la esperanza de cumplirlo.

La grandeza nunca se alcanza apresuradamente. Con el tiempo, los aspectos más detallados acabarán por alcanzarlo, y como suele ocurrir, la excelencia siempre prevalece sobre la cantidad.

En esta obra, se brindará conocimiento acerca de la Gestión del tiempo y sus ventajas.

Herramientas de organización temporal y recomendaciones para estudiantes, profesionales y jóvenes, gestión de tiempo grupal e inspiradoras declaraciones de eficiencia temporal por figuras destacadas.

Adquiere los conocimientos contenidos en este libro con el fin de mejorar tu nivel de productividad y eficacia.

BENEFICIOS DEL CAJA DE TIEMPO

Fuente: mujeresdeempresa.com

En líneas generales, la implementación del timeboxing o gestión del tiempo en la ejecución de tareas conlleva múltiples ventajas para la dinámica laboral, y existen numerosas motivaciones para experimentar con esta técnica de administración del tiempo:

Trabajar en tareas desagradables

En ocasiones, existe la presencia de tareas que generan una apariencia de dificultad, no obstante, al asignarles segmentos de tiempo breves, se logra disminuir su intimidante y tediosa naturaleza, al mismo tiempo que se otorga un período dedicado que asegurará el progreso en su ejecución.

Invertir un menor número de horas en actividades de naturaleza poco gratificante.

En ocasiones, nos encontramos con deberes que no deseamos invertir excesiva cantidad de tiempo, ya que carecen de relevancia o urgencia, pero resultan inevitables en algún momento.

Al restringir el tiempo dedicado a estas tareas, usted garantizará que no gastará una cantidad excesiva de tiempo limpiando su ático o organizando su bandeja de entrada. Si uno asigna breves períodos de tiempo intermitentes a estas actividades durante un período prolongado, es probable que lo haga todo sin darse cuenta.

Emplearse en tareas de breve duración" En ocasiones, se presentarán labores de escasa envergadura que apenas merecerán su inclusión en la agenda, tales como un correo electrónico pendiente de respuesta, aunque su ejecución no le tomará más de 2 minutos.

Sin embargo, al establecer un tiempo específico para dedicar exclusivamente a este correo electrónico mediante la implementación de una técnica de gestión del tiempo como el timeboxing, aunque sea un lapso de solamente 2 minutos, es probable que no vuelva a omitir su atención hacia este asunto.

Participar en la realización de tareas de duración considerable. En ocasiones, se presentarán tareas de tal complejidad que demandarán una cantidad considerable de tiempo y esfuerzo, provocando la tendencia de aplazar su ejecución en lugar de abordarlas de manera inmediata.

No obstante, es posible vencer su temor al descomponer dichas tareas en elementos más pequeños y establecer plazos individuales para cada uno de ellos. De esta manera, a medida que vaya completando cada uno, avanzará gradualmente pero con un progreso constante.

Abandonar el hábito de ser un perfeccionista

Resulta complicado realizar modificaciones en pormenores innecesarios de un trabajo cuando solo se cuenta con 25 minutos antes de la fecha límite de entrega. La aplicación de técnicas de gestión del tiempo, como el timeboxing, garantiza que se interrumpa el trabajo en una tarea tras un periodo de tiempo razonable, evitando así dedicar un tiempo excesivo a ajustes interminables.

Aumentar su motivación

No existe mejor estímulo para mantener la concentración en la tarea que un reloj cronómetro. Establecer un marco de tiempo dedicado para trabajar en las tareas ayuda a enfocarse en dichas tareas, y el temporizador inspira a evitar distracciones y dilaciones. Con el objetivo de elevar la motivación al máximo, es recomendable establecer un desafío particular y elegir una serie de actividades de menor escala que se deben finalizar antes de que se agote el plazo. Por ejemplo, se puede considerar cuántas solicitudes de correo electrónico de los clientes puede responder en una hora.

Establecer un balance en tu vida

Frecuentemente ocurre que dedicamos un exceso de tiempo a ciertas actividades y no dedicamos suficiente tiempo a otras, sin embargo, el timeboxing o gestión del tiempo proporciona una manera de limitar o economizar el tiempo invertido en dichas actividades.

¿Dedica excesivas horas a las reuniones? Fije un lapso de tiempo de 15 minutos para cada encuentro y cerciórese de finalizar la reunión una vez transcurridos esos 15 minutos.

¿No dedicas una cantidad adecuada de tiempo a tu familia? Asigne una hora de su día a diario para dedicarla al convivio familiar, y posteriormente, asegúrese de aprovechar al máximo estos momentos de unión.

En conclusión, la administración del tiempo mediante el uso de timeboxing asegura un equilibrio adecuado entre las actividades personales y aquellas relacionadas con el negocio, así como entre las tareas de importancia y aquellas que requieren tiempo pero son necesarias. Al establecer límites en el tiempo dedicado a algunas actividades, se logra disponer de tiempo para otras ocupaciones.

Organización Del Tiempo Y Cumplimiento De Horarios

Existe una gran cantidad de individuos que expresan su pesar debido a su escasez de tiempo. "Me faltó tiempo". Me encuentro bajo presión temporal; el tiempo avanza de manera irreparable. La administración efectiva del tiempo le permite alcanzar un nivel de productividad superior al que generalmente podría obtener. La correcta administración del tiempo resulta indispensable en casi todas las ocupaciones, particularmente en aquellas que involucran elementos humanos y riesgos inherentes.

En una economía de mercado, se sustenta el aforismo "el tiempo es valioso", y resulta de interés empresarial evitar las interrupciones ocasionadas por acciones negligentes o fallas de omisión.

El manejo eficiente del tiempo resulta fundamental para el desarrollo de una carrera exitosa. Dado el elevado aprecio por el tiempo, existe una persistente presión por evitar "desperdiciar el tiempo". Si experimenta la sensación de haber desperdiciado su tiempo, esto no se debe a la falta de autodisciplina o pereza, sino a la carencia de organización, una planificación ineficiente y prácticas laborales poco eficaces.

La noción de administración del tiempo desanima a numerosas personas, quienes temen renunciar a la espontaneidad y temen que sus jornadas se vuelvan tan rígidas que terminen siendo monótonas. Otras personas tienen preocupación acerca de que si administran su tiempo de manera más efectiva, lo cual implica una mayor disponibilidad de tiempo libre, se les pueda requerir desempeñar responsabilidades adicionales.

La adecuada administración del tiempo no implica adoptar una rutina rígida y monótona. Supone retomar el dominio sobre tu existencia y comprender tu propio funcionamiento y tus prioridades más relevantes.

Administrar de manera eficiente el tiempo puede contribuir a experimentar mayor seguridad y comodidad tanto en el ámbito laboral como en el hogar. Administrar el tiempo de manera más efectiva no resultará en una disminución milagrosa de su carga de trabajo, pero sí contribuirá a una vida más productiva.

¿Cuál es su sentimiento al concluir una jornada laboral extenuante y desafiante, si su reemplazo no se ha presentado para asumir sus responsabilidades?

Te encuentras exhausto tanto a nivel físico como mental, tu nivel de concentración ha disminuido y es posible que estés contemplando regresar al entorno cómodo y seguro de tu residencia. Contar con el desempeño óptimo en estas condiciones sería apresurado.

El sistema en proceso presenta una susceptibilidad a cometer errores de naturaleza humana. Estas circunstancias dan origen a situaciones de riesgo, tal como las que enfrentan diariamente los controladores aéreos o los operadores del servicio de tráfico marítimo, conocido como VTS.

Considerando esto, la puntualidad se hace imprescindible. La puntualidad se encuentra estrechamente vinculada con la eficiencia en la administración del tiempo, y a medida que perfeccionamos nuestra diligencia en nuestras labores laborales y diarias, adquirimos habilidades para gestionar de manera óptima nuestro tiempo.

Aboliendo Las Actividades Simultáneas

En tiempos pasados, la capacidad de realizar varias tareas simultáneamente era considerada como un talento destacado, capaz de convertirte en un recurso valioso para cualquier organización. En esencia, se trataba de poseer la capacidad de llevar a cabo múltiples tareas de manera simultánea. En el contexto laboral, esto podría implicar la gestión simultánea de compromisos relacionados con reuniones y presentaciones en dos locaciones diferentes. En el ámbito doméstico, ello podría implicar hacerse cargo de múltiples responsabilidades de manera simultánea. Asimismo, puede aludirse a la capacidad de alternar entre distintas tareas y luego regresar a la primera de manera fluida.

Si bien es aparente que realizar múltiples tareas simultáneamente supone un aumento en la productividad, diversas investigaciones han constatado que el efecto resultante es paradójico. Existe un deterioro cognitivo provocado por la saturación cerebral que, tarde o temprano, excederá tu capacidad de desempeñarte en múltiples actividades simultáneamente. Conforme pase el tiempo, tu capacidad para gestionar tus responsabilidades disminuirá, lo cual resultará en una disminución de la eficacia en el cumplimiento de las tareas bajo tu supervisión.

Existen individuos que exhiben una mayor productividad y eficacia al realizar múltiples tareas simultáneamente, no obstante, las investigaciones señalan que este porcentaje corresponde únicamente a un 2% de la totalidad del personal de una empresa. El 98% restante de los trabajadores que lo intentan podrían fallar al intentar hacer tareas múltiples de una sola vez. En relación a una gestión eficiente del tiempo, sería más recomendable evitar la realización de múltiples tareas simultáneamente. Esto se debe a que pueden impactar negativamente tu capacidad para finalizar tus labores dentro de los plazos establecidos. Para ciertos individuos, esto conlleva un impacto considerable en la eficiencia laboral.

El cerebro humano está intrínsecamente programado para seguir un patrón cognitivo mientras realiza diversas tareas. Esta situación implica que se encarga de establecer la programación y el método de ejecución de las labores. La mente humana experimenta dos fases para procesarlas eficientemente: la selección de objetivos y la activación de roles. En el proceso de selección de metas, es el cerebro quien determina qué tarea llevar a cabo. En lo que respecta al rol de activación, este implica la transición del desempeño de la tarea A al desempeño de la tarea B.

Al realizar diversas tareas, se invierte una mayor cantidad de tiempo en el desempeño del rol activo. Cuanto más tiempo permanezcas en esta fase, más tiempo te llevará ajustar tu enfoque y dirigir tu atención hacia la tarea A. La disminución en el nivel de concentración conduce a una reducción en la productividad, ya que ninguna tarea logra ser completada. Con un poco de fortuna, las tareas A y B pueden completarse con la mitad del rendimiento esperado. Generalmente, la calidad de tus resultados podría ser dudosa tal como se mencionó previamente.

Cuanto más te dediques a diversas tareas, menor será tu nivel de concentración en una tarea específica. Esta situación propicia un mayor margen para la aparición de distracciones que podrían hacer que uno se vuelva más vulnerable y desatento. Cuando te dedicas a cambiar de tarea constantemente, te arriesgas a perder una cantidad considerable de tiempo.

En realidad, se puede establecer una analogía entre los efectos perjudiciales de realizar múltiples tareas y la generación de una congestión cerebral. Se produce una congestión vehicular cuando se acumulan numerosos automóviles en la vía y ninguno está dispuesto a ceder el paso a los demás. Al asumir una multiplicidad de responsabilidades simultáneamente, se genera una situación de congestión en la cual tus obligaciones se entremezclan, no se logra completar ninguna de ellas y, en esencia, te encuentras en un estado de estancamiento.

En primer lugar, sin duda enfrentarás un desafío al evitar realizar múltiples tareas, sin embargo, existen diversas estrategias que puedes explorar para facilitar tu labor. Comienza por elaborar un plan detallado que incluya las actividades prioritarias durante el periodo en el que experimentas un mayor nivel de productividad. Durante el transcurso de una jornada, podríamos afirmar que experimentas una mejora en tu estado de ánimo durante las horas que preceden al almuerzo, es decir, desde las 9 hasta las 12 de la mañana.

Por favor, aprovecha este intervalo temporal y crea un horario detallado para abordar tus tareas más prioritarias durante este período. Esto te asegurará ocuparte de ellas con las mínimas interrupciones posibles. Desempeña labores de menor complejidad a lo largo de tu jornada laboral.

Asimismo, tomar pausas entre las distintas actividades también resulta beneficioso. Sería posible elaborar un horario que incluya un período de trabajo continuo de una hora y media, seguido de un descanso de aproximadamente quince a veinte minutos. Utiliza este intervalo temporal hasta que culmines tu tarea, y posteriormente aplícalo para las demás metas que te has propuesto para el día. Al otorgarte un adecuado período de descanso, evitas que tu mente se extravíe a causa de la monotonía o la sobrecarga. Al tomar intervalos regulares para descansar, también se estimula tu capacidad creativa, lo cual puede resultar en una mejora en el rendimiento de tus proyectos.

En último término, te instamos a aprovechar las aplicaciones especializadas en línea para gestionar el tiempo. Existen aplicaciones diseñadas para combatir la procrastinación al restringir el acceso a elementos distractores, como redes sociales y navegación en Internet. Tan solo deberás establecer un cronograma mediante el cual puedas determinar la duración de la interrupción del servicio web. No dispondrás de la posibilidad de revertir esta situación una vez que el tiempo comience a transcurrir. El nombre de esta aplicación es Anti-Social y cuenta con compatibilidad para múltiples sistemas operativos.

El tiempo constituye un recurso de inmenso valor para los empresarios, el cual resulta imposible de almacenar o reservar para su aplicación en momentos futuros. Todos cuentan con un lapso temporal igualmente disponible; sin embargo, para aquellos dedicados a las labores empresariales, se torna de vital importancia adquirir el conocimiento en el adecuado aprovechamiento de su tiempo. Es posible que no lo percibas, no obstante, la gestión del tiempo impacta en todos los aspectos de tu vida. Facilita la realización de tareas de mayor importancia, lo cual puede incrementar considerablemente su nivel de productividad. Con el transcurso del tiempo, dicha incremento en la productividad marcará un efecto acumulativo que resultará en notables mejoras tanto en su ámbito profesional como personal.

A menudo, se percibe que muchas individuos experimentan la sensación de no contar con la cantidad adecuada de tiempo para alcanzar todos sus objetivos personales. Con frecuencia se atribuye el aumento del estrés, las relaciones conflictivas, los problemas financieros y la falta de actividad física a la falta de tiempo. No obstante, mediante la aplicación de las aptitudes adecuadas de gestión del tiempo, es posible alcanzar todas las metas que se ha propuesto.

El manejo eficiente del tiempo puede proporcionarle la capacidad para identificar y establecer prioridades de manera efectiva, permitiéndole tomar decisiones bien fundamentadas con el fin de asignar adecuadamente su tiempo a las tareas esenciales que impulsarán el éxito de su empresa. La adecuada administración de su tiempo puede igualmente contribuir a lograr sus metas de forma más expedita. La correcta gestión del tiempo también le permitirá alcanzar un mayor nivel de productividad en menor tiempo y con menor esfuerzo y tensión.

Las Ventajas De La Administración Del Tiempo

El manejo eficiente del tiempo contribuye a desarrollar una actitud más puntual y disciplinada. Inspira una responsabilidad laboral únicamente en las ocasiones en que es necesario ejercerla. Con el fin de optimizar el uso del tiempo disponible, es necesario elaborar una lista de tareas o establecer un plan de actividades. Para lograr una administración eficiente del tiempo, es necesario el desarrollo de un inventario de actividades o responsabilidades que deben llevarse a cabo a lo largo del día. Resulta imperativo que, además, se incorporen plazos específicos en su roster de pendientes, acompañados del nivel de urgencia que corresponde a cada tarea. La elaboración de un plan de actividades, o el registro de una lista de tareas, puede otorgarle una mayor orientación en relación a la ejecución de sus labores. Sería un placer asistirle en la determinación de los requerimientos necesarios para estructurar su jornada de modo que pueda optimizar su desempeño y alcanzar mayores resultados en un período de tiempo reducido.

La habilidad de gestionar el tiempo de forma eficiente también contribuirá a fomentar la organización personal. Sería posible brindarle orientación sobre cómo mejorar la organización en su entorno laboral, facilitando la ubicación de documentos, carpetas y archivos de manera más eficiente. Además, puede aprovechar su mayor capacidad para administrar sus tareas de manera más eficiente al implementar destacadas estrategias de gestión del tiempo.

Contar con una estrategia para gestionar de manera eficiente su tiempo, igualmente, puede favorecer la consecución de sus metas y objetivos en el menor lapso de tiempo posible. Con una apropiada aptitud en la administración del tiempo, se puede lograr los objetivos anticipadamente y completar las tareas dentro del plazo establecido. La introducción de una gestión eficiente del tiempo en su estilo de vida puede significativamente elevar su nivel de productividad y facilitar la consecución de sus metas sin requerir un aumento en su dedicación laboral.

De qué manera la falta de eficiencia en la gestión del tiempo puede tener un impacto negativo en su organización

La incapacidad para administrar eficientemente el tiempo relacionado con su empresa puede acarrear múltiples contratiempos y repercusiones indeseables. Si uno carece de habilidades de gestión del tiempo competentes, puede llevar a plazos incumplidos, calidad de trabajo comprometida, estrés excesivo, flujo de trabajo ineficiente y varias otras consecuencias negativas.

En caso de que no administre adecuadamente su tiempo, se constatará una mayor dificultad en concluir sus tareas dentro de los plazos establecidos, lo que podría resultar en una percepción de ineficiencia y falta de confiabilidad. La confianza de los clientes, clientes y colegas hacia sus capacidades para liderar una empresa exitosa se verá considerablemente mermada. La falta de cumplimiento de los plazos y los retrasos conllevarán un impacto negativo considerable en su reputación, lo cual puede dar lugar a consecuencias adversas en su vida personal y su bienestar. En calidad de empresario, si deseas alcanzar el éxito y aumentar tu productividad, resulta imprescindible que perfecciones el manejo de tu tiempo y explores métodos para mejorar tus aptitudes en la gestión del mismo.

CÓMO REDUCIR EL ESTRÉS

A continuación se presenta un desglose de los componentes del estrés y su impacto en el estado emocional en general. Nuestra atención se enfoca en áreas que reclaman distintos grados de interés, por lo que resulta vital tomar en cuenta tanto los factores que podemos controlar como aquellos elementos que se encuentran fuera de nuestra esfera de influencia.

Los tres elementos que contribuyen al estrés

De acuerdo a la evidencia presentada, se establece una correlación directa entre cualquier estado de ánimo y los tres factores mencionados. Este fenómeno implica que la presencia de un factor de enfoque es necesaria para que experimentes estrés. Este factor de enfoque se refiere a dónde diriges tu atención y en qué piensas de manera regular. Además, influyen un componente lingüístico, es decir, cómo te hablas a ti mismo y cómo te comunicas con los demás, así como un factor fisiológico relacionado con cómo mantienes tu postura corporal.

Cada estado emocional se caracteriza por una conjunción de estos tres elementos, que generan dicha configuración emocional.

Si contrastas a un individuo plenamente feliz con otro absolutamente miserable, podrás observar cómo estos tres elementos desempeñan un rol sumamente relevante.

Como resultado, estas áreas caen dentro de su jurisdicción". "Como consecuencia, estas áreas están dentro de su ámbito". "Por lo tanto, estas áreas están bajo su mando". "En consecuencia, estas áreas están bajo su autoridad. Esto es algo que abordaremos en el futuro.

Mediante este sistema de productividad, se logra mantener una constante atención y enfoque en aquellas metas y objetivos que son verdaderamente deseados.

El enfoque, o la dirección intencional de tu atención, posee una inmensa capacidad, ya que puede brindarte una enorme felicidad o sumergirte en una horrenda pesadilla.

Si mantienes constantemente tu atención en todas las cosas que te faltan o que no posees, experimentarás una calidad de vida inferior en comparación con aquellos individuos que se centran en lo positivo o en lo que sí pueden alcanzar, teniendo en cuenta que siempre existe una posibilidad cuando se tiene un nivel de compromiso. Esta noción es aplicable tanto en la vida cotidiana como en el ámbito empresarial.

El enfoque se encuentra subsiguiente a una serie de interrogantes, pues son estas interrogantes las que determinan la dirección de tu atención. Si te caracterizas por ser una persona cuya agenda diaria se ve abrumada por múltiples responsabilidades y estás consciente de la escasez de tiempo, es probable que te cuestiones con frecuencia por qué siempre se te dificulta encontrar el tiempo necesario para realizar aquello que deseas. El lenguaje puede tener un impacto en tu cuerpo y en la forma en que lo sostienes a nivel fisiológico. Esto podría llevar a experimentar un estado de estrés.

Es fundamental destacar que el sistema que expondré te brindará la oportunidad de focalizarte rápidamente en las actividades que disfrutes o consideres relevantes, al asignarles un propósito que te motive de manera más efectiva.

Existen tres áreas que constantemente requieren nuestra máxima atención

Fobias: Cuando se intenta eludir cualquier situación que pueda ocasionar cualquier tipo de sufrimiento.

Requerimientos de terceros: Al no desear defraudar a los demás o incumplir las expectativas que éstos tienen hacia nosotros.

Placeres: Gratificaciones instantáneas que nos proporcionan una sensación de bienestar momentáneo, pero que suelen carecer de perdurabilidad y sostenibilidad a largo plazo.

Existen otras estrategias para gestionar la atención

Primer paso: Observar la situación tal como realmente es, sin exagerar su gravedad.

Adoptar una actitud realista y analizar las circunstancias de manera objetiva.

Segundo paso: Percebir la situación con mayor optimismo de lo que realmente es.

Poseer una perspectiva clara de tus verdaderos deseos.

Tercer paso: Abordar la situación de acuerdo a tus preferencias.

Hacer realidad esa visión.

La gran mayoría de las personas que logran alcanzar sus deseos y experimentan una sensación de plenitud y satisfacción comparten tres elementos fundamentales. En este punto es donde procederé a brindarte una explicación exhaustiva del sistema, no obstante, resulta crucial proporcionarte mayor información previamente a llevar a cabo esta tarea en su totalidad. Por favor, continúa a mi lado, de manera gradual iremos develando esa información.

Tienen clara su dirección y están conscientes de sus objetivos.

Conocen la razón por la cual lo desean; su intención.

Cuentan con una estrategia para lograr este objetivo.

Ejemplo:

En el caso de un representante comercial con la meta de aumentar sus ventas en un 20%.

Alcanzar el puesto de principal representante en la región, obtener el reconocimiento de sus compañeros y superiores, mejorar la provisión para su familia y experimentar una sensación de genuino orgullo personal (objetivo).

Atender a un programa de formación en estrategias de venta, incrementar la cantidad de comunicaciones telefónicas realizadas, gestionar una mayor cantidad de visitas a clientes potenciales, solicitar testimonios y referencias de los clientes actuales (plan de acción).

El propósito de este sistema es adoptar una perspectiva progresiva, en la cual se contempla la visión de lo que se espera alcanzar al final del recorrido. El propósito o finalidad de perseguir ese objetivo se encuentra imbuido de un ferviente deseo y posee un considerable poder motivador desde el plano emocional.

Además, es importante considerar que este sistema se basa en metas concretas en lugar de meras listas de tareas pendientes. Asimismo, ha sido demostrado que el 20% de nuestras acciones generan el 80% de nuestros resultados al enfocarnos en objetivos en lugar de meras tareas a realizar. Mediante el empleo de esta regla, podemos alcanzar una mayor autonomía en nuestras acciones, lo cual potencialmente puede generar un incremento sustancial en nuestros resultados.

Posteriormente, abordaremos técnicas detalladas en el transcurso de este libro electrónico.

Otros de los propósitos de este sistema consisten en brindarnos la suficiente energía y aprovechar al máximo nuestras actividades. Establecer de manera precisa el propósito es lo que otorga un sentido distinto y más digno a nuestras acciones, y puede permitir que nos deshagamos de la tensión o la presión de manera más rápida.

Ejercicio

Por favor, indique tres factores que le generen estrés y/o sensación de agobio.

Por favor, expón una o dos actividades de tu rutina diaria que consuman tu tiempo, pero que carezcan de sentido o propósito emocional, es decir, que no te motiven emocionalmente a llevarlas a cabo o que no posean una meta definida.

Por favor, enumere dos metas que desee alcanzar, teniendo en cuenta que una vez logradas le proporcionarán una sensación revitalizante y fomentarán su motivación.

Especifíque dos o tres justificaciones que consideres pertinentes para adquirir conocimientos acerca de este sistema.

Cómo dominar el estrés

La forma más efectiva de mitigar el estrés es empleando una mayor cantidad de tiempo en actividades que nos apasionen. En una sociedad contemporánea en la que está al alcance de nuestra mano una amplia gama de avances tecnológicos destinados a facilitarnos la vida, es paradójico observar cómo experimentamos crecientes niveles de estrés y tendemos a añadir más y más elementos a nuestras tradicionales listas de tareas. Con el fin de dedicar más tiempo a nuestras actividades preferidas, es importante tener en consideración dos aspectos:

Comenzar a ser conscientes de en qué áreas estamos invirtiendo nuestro tiempo y cómo permitimos que la noción de completar todas las tareas se convierta en una dominante en nuestra mente. Es importante tener presente que para cada situación existen al menos tres alternativas posibles y, posiblemente, una opción inesperada pueda conducir al resultado deseado (si es conocida).

Examinar detenidamente la percepción de urgencia. Frecuentemente nos dejamos cautivar por la atracción de dichas cosas y atribuimos importancia a elementos menores que en realidad carecen de relevancia y no contribuirán al logro de nuestros objetivos. Tenemos la necesidad de cesar nuestra predisposición a responder a las exigencias del entorno.

En mi experiencia personal, al adoptar este sistema y enfoque de organizar mi día o semana con el objetivo de maximizar mi rendimiento y evitar reaccionar impulsivamente a las circunstancias, logré eliminar por completo el estrés y la sensación de urgencia en mi vida.

Al relatar a las personas mis actividades semanales, genero estrés en ellos o, sencillamente, no se me otorga credibilidad. Sin embargo, lo que puedo afirmar de manera inequívoca es que llevo a cabo aquello que genera estrés en las personas con una actitud de alegría, ya que tengo pleno conocimiento del propósito detrás de mis acciones.

Zonas de enfoque

Área de entretenimiento: Se encuentra ubicada en el lugar al que la mayoría de las personas acuden cuando están experimentando estrés, como la televisión, las redes sociales o ver películas. En resumen, es un espacio en el que no se requiere pensar, pero tampoco hay estímulo ni interés. Es un estado de neutralidad emocional en el que no se experimenta ni felicidad ni tristeza, similar a un estado de limbo.

Zona engañosa: (Asuntos de urgencia pero sin trascendencia). Esta área se refiere al nivel de exigencias y presiones en el que las personas ansiosas dedican la mayor parte de su tiempo, atendiendo las responsabilidades de su lista de tareas y añadiendo más, reaccionando de forma inmediata a las demandas del entorno sin lograr alcanzar metas concretas y significativas que les brinden satisfacción.

Zona Demanda: (Asuntos urgentes y significativos). Esta es la región en la que residen todas aquellas circunstancias imprevistas que no hayas podido anticipar previamente, tales como un percance ocurrido a un colega de trabajo o la enfermedad de tu hijo o incluso la propia; situaciones de importancia y urgencia. La opción más recomendable es tomar medidas para estar preparado, organizando y planificando de manera exhaustiva.

Área de satisfacción: (Asuntos relevantes y sin urgencia). Esta área corresponde a los asuntos de mayor relevancia. Dedicar tiempo a compartir con tu familia, enfocarte en un proyecto significativo pero no urgente, un proyecto que al completarse te brindará una ventaja competitiva. Es la región en la cual se puede prever y esforzarse por obtener una mayor satisfacción, tal como aumentar las ventas en un 20%, dedicarse al estudio y la lectura, formarse profesionalmente, mejorar la condición física y hacer proyecciones para el futuro, a fin de estar preparado para los períodos de cambio que enfrentamos en la actualidad.

Aceleración Del Aprendizaje: Cómo Adquirir Nuevas Habilidades Y Comenzar Nuevos Proyectos En Un Periodo Reducido De Tiempo.

El proceso de adquirir conocimientos es una de las formas más provechosas de invertir el tiempo y muchos individuos manifestamos que buscamos disponer de más tiempo con el propósito de obtener dominio en un tema específico o en otro idioma.

Sin embargo, resulta que muchos de nosotros carecemos del conocimiento necesario para adquirir habilidades de manera eficiente y, como consecuencia, nos tomará más tiempo del esperado.

En conclusión, es muy probable que usted cuente con el tiempo necesario para adquirir conocimientos en alemán o ingeniería electrónica, simplemente está posponiendo esta oportunidad.

Aquí está cómo empezar...

Comienzo

La recomendación inicial y fundamental consiste en dar inicio sin demora. El umbral inicial que marca el comienzo real puede parecer a menudo un desafío considerable, hasta que se aborde y se haga evidente que no se le tenía miedo a nada. Y una vez iniciada la tarea, comprobará que resulta considerablemente más sencillo seguir adelante y desarrollar un genuino deseo de invertir más tiempo en adquirir estas novedosas habilidades y capacidades.

DiSSA

Tim Ferriss es una figura que aún no hemos abordado a fondo en este libro, pero su contribución es altamente valiosa. El señor X es el autor de la reconocida obra literaria titulada The 4 Hour Workweek, la cual obtuvo un destacado éxito comercial al abordar de manera pionera el concepto del diseño de un estilo de vida. En tiempos más recientes, Tim ha publicado un nuevo libro titulado The 4 Hour Chef, el cual aborda la adquisición acelerada de conocimientos en un área determinada (utilizando la cocina como ilustración). Exponga a continuación cuatro procesos que deben ser seguidos rigurosamente con el propósito de adquirir conocimientos eficientemente sobre cualquier materia nueva, y emplee la sigla "DiSSA" para ilustrarlos. Hijo:

Deconstruir

En este lugar, se realiza una descomposición de los elementos fundamentales y replicables que se desea adquirir conocimiento. Como ejemplo, si estuviera en el proceso de adquirir conocimientos en áreas tales como

Al practicar wakeboard, es importante reconocer la necesidad de adquirir conocimientos sobre la postura y la terminología, al tiempo que se desarrolla la fuerza de agarre. Asimismo, sería recomendable también buscar la identificación de las habilidades más relevantes que se deben dominar. En este sentido, resultaría de utilidad recabar la opinión de expertos, quienes podrían ofrecer orientación acerca de qué aspectos serían prioritarios para un principiante con el fin de obtener resultados óptimos.

Selección

Seguidamente, revisará todas estas partes y tomará la decisión de cuáles desea aprender. Quizás existan ciertos conocimientos que pueda adquirir, los cuales le permitirían ahorrar tiempo o incluso evitar completamente otras tareas. Por ejemplo, Tim sugiere que al comenzar a aprender un nuevo idioma, sería beneficioso iniciar por la adquisición de las 200 palabras de uso más frecuente. Dado que estas palabras comunes forman una parte sustancial de nuestro idioma, implica que pueden ser utilizadas con éxito en una amplia gama de conversaciones. Aunque su gramática no sea óptima, al menos podrá discernir el tema del que están hablando las personas, lo cual es preferible a no comprender nada en absoluto.

Secuencia

La elección de un orden de aprendizaje también resulta sumamente beneficiosa. Tim destaca que ocasionalmente la secuencia óptima no corresponde necesariamente a la más evidente, contrariando las bases tradicionalmente impartidas. Un buen enfoque para acelerar el aprendizaje del ajedrez es iniciarse por los movimientos finales y proceder retroactivamente. Mediante esta metodología, adquirirá una comprensión más profunda del objetivo final, lo que permitirá el llenado adecuado de ciertos vacíos, a través de la adquisición del conocimiento necesario para alcanzar dicho objetivo.

Asimismo, señala que los bailarines deberían adquirir competencias para interpretar la danza con destreza atribuida tradicionalmente al género contrario. Esto demuestra cuál es el objetivo que están intentando alcanzar con respecto a la otra parte.

Apuestas

En última instancia, Tim sugiere implementar apuestas como un medio para comprometerse a adquirir conocimiento sobre el tema en cuestión. A modo de ilustración, se podría ofrecer una suma de dinero a un conocido y solicitarle que haga una donación a una organización sin fines de lucro que no respaldaría a menos que cumpla con ciertos objetivos. Esta adecuación de incentivos podría ser lo necesario para acelerar el proceso.

Tener Una Meta

En conclusión, este consejo no guarda relación con DiSSA, sino que es fruto de mi experiencia personal: es fundamental contar siempre con un propósito en el que trabajar. En resumen, evite meramente "adquirir conocimiento de un tema", sino más bien comprenderlo dentro del marco de buscar alcanzar otros objetivos. Esta medida aportará mayor coherencia al proceso de enseñanza y facilitará una comprensión más profunda de la utilidad y la aplicabilidad práctica de los conocimientos adquiridos.

Absténgase de adquirir conocimientos de programación: en su lugar, establezca una aplicación de sencilla configuración y obtenga aprendizaje de forma progresiva. No debería adquirir conocimientos en el idioma alemán en su totalidad; en cambio, sería beneficiado al aprender las nociones esenciales del alemán para así tener la capacidad de solicitar sus alimentos y realizar compras durante las próximas vacaciones de fin de año. Este aspecto adicional confiere un mayor nivel de significatividad y satisfacción al proyecto, y a la vez, contribuye a generar motivación en usted.

¿DÓNDE HE PUESTO ESO?

En términos generales, los estudiantes universitarios suelen carecer de una preparación adecuada para administrar los aspectos de sus vidas. Los dormitorios universitarios son propensos a acumular rápidamente una variedad de artículos, tales como prendas de vestir, libros, computadoras, compact discs, DVDs, televisores, proyectos completados, proyectos en curso y otros objetos característicos de la vida estudiantil.

Es posible que aún residas en el hogar familiar, ocupando la misma habitación que has venido ocupando desde tu infancia. Aún debes liberar espacio para las nuevas incorporaciones de la vida universitaria. En caso de que tú seas un estudiante no convencional, intentar combinar los contenidos académicos con los objetos lúdicos infantiles y los dispositivos puede resultar sumamente abrumador. Experimenta con algunos de estos excelentes consejos de organización.

Si deseas aprovechar tu tiempo de manera eficiente, asigna períodos específicos para tareas específicas. Dispones de los elementos necesarios: el escritorio, la cómoda y la estantería. Los elementos que precisas adquirir de la tienda son algunos suministros. Para comenzar, se sugiere adquirir unas carpetas de diversos tonos, un archivador portátil fabricado con material plástico, un portabolígrafos, unas carpetas de variados colores, una perforadora de tres orificios y algunos cubos de reducido tamaño. Es posible que ajustes tu plan, y es probable que lo hagas, a medida que determines lo más conveniente y efectivo.

Cree una tonalidad única para cada categoría y almacene las tareas pendientes correspondientes a medida que progrese en ellas. Por favor, ubique estas carpetas en el interior del soporte de plástico. Es fundamental que indiques en la pestaña la clase a la que corresponde cada una, con el fin de simplificar su identificación. Además, es posible emplear el método de archivar en carpetas para guardar documentos y comprobantes de importancia. En caso de que el tesorero requiera verificar tu certificado de nacimiento, es recomendable asegurarse de que puedas obtenerlo de manera expedita.

Se emplean las carpetas de distintos tonos para cada asignatura, a fin de organizar debidamente todos los documentos y materiales correspondientes a dicha asignatura. Tal como mencionamos anteriormente, te será entregado un a programa de estudios. Por favor, asegúrate de colocarlo en la parte frontal. Posteriormente, cuando recibas cualquier documento de tu profesor, perfora el papel y depositarlo en la carpeta correspondiente. Emplee divisores de sección para identificar el contenido de cada sección. Además, es recomendable que almacenes las tareas finalizadas en esta carpeta con el fin de que puedas acceder a ellas fácilmente y como respaldo en caso de que tu instructor extraviara alguna de tus calificaciones. De esta manera, estarás en posición de demostrar que has realizado el trabajo requerido.

Asimismo, te sugiero que tengas a tu disposición suficientes bolígrafos y utilices las papeleras para desechar pequeños objetos que vayas acumulando, como clips, chinchetas o una grapadora, entre otros. Si dispones de un equipo informático, acomoda todos estos elementos en una posición accesible. Haga de esto su "foco de operaciones" y utilice este espacio para finalizar todas sus tareas. Resulta conveniente contar con suministros adicionales tales como unidades de almacenamiento, discos regrabables, papel y consumibles de impresora, en caso de ser necesario.

Una vez que has adquirido las herramientas necesarias, analicemos ahora las estrategias para mantener el control. Las tareas pueden volverse inobservables debido a la acumulación en papel.

Los textos escolares pueden extraviarse entre un amontonamiento de prendas de vestir sucias. Un estudiante universitario desordenado puede incluso perder la cabeza. El desorden puede ser una condición presente en cualquier ambiente, incluso en aquellos que son cuidadosamente organizados, como un campus universitario. Sin embargo, existe una solución a este caos desastroso.

El protocolo burocrático es altamente intuitivo. "Únicamente existen tres posibles acciones que pueden llevarse a cabo respecto al papeleo:

1. Actuar en consecuencia

2. Archivo

3. Tíralo

Por ejemplo, en el caso de que recibas un correo electrónico, procédase a su apertura. De hecho, esa situación representa una considerable dificultad en cuanto al desorden para ciertas personas: una acumulación de correspondencia sin abrir. Una vez que se desempaque, será necesario tomar una decisión acerca de su destino. En caso de tratarse de un catálogo o una pieza de correspondencia no deseada, y siendo consciente de que no le otorgarás utilidad, le sugiero que la deseche. Si se trata de una factura, por favor, proceda a redactarla y enviarla por correo o, alternativamente, guárdela en una carpeta designada para "facturas pendientes". Una vez que hayas leído una nota, deséchala o guárdala para su archivo. En caso de que se le entregue un documento, le instamos a que lo archive adecuadamente. En caso de que no lo realices, esta sería la forma en la que se produce una acumulación de tareas en nuestros escritorios.

Un lugar adicionalmente relevante para generar desorden es su computadora. Si logras tener un adecuado ordenamiento de tus archivos, no será necesario que realices una búsqueda exhaustiva en veinte ubicaciones distintas dentro de la carpeta denominada "Mis Documentos" con el objetivo de encontrar el trabajo en inglés que redactaste la semana anterior. A continuación se presentan algunas recomendaciones para solucionar el problema de desorden en la computadora.

• Suprime los mensajes de correo electrónico que hayan sido previamente visualizados. Esto garantizará la intemperancia de su bandeja de entrada.

• Le ruego que responda al correo electrónico de manera oportuna, a fin de evitar que su bandeja de entrada se sature.

- Establezca un procedimiento de organización documental: en caso de no poder responder de manera inmediata o necesitar conservar un correo electrónico, recomiendo colocarlo en una carpeta especialmente creada para esa categoría. (Necesita respuesta, o archivos)

- Mantén un seguimiento de tu directorio de "mensajes enviados". Suprima elementos de ese lugar también. Asegúrese de eliminar todo aquello que no sea imprescindible.

- Actualice regularmente su libreta de direcciones. Muchas veces la gente guarda un correo electrónico en su bandeja de entrada para tener la dirección cuando esté lista para responder. En su lugar, le sugiero que simplemente guarde la dirección. Probablemente adquieras conocimiento acerca de su paradero posteriormente.

- Aplicar medidas de filtrado de correo no deseado en tu cuenta de correo electrónico con el fin de reducir el volumen de mensajes no deseados en tu bandeja de entrada. No obstante, es importante que no descuides la verificación de la bandeja de spam para evitar la entrada de contenido no deseado.

- Almacene un disco o CD conteniendo las asignaciones de las lecciones previas. Esta funcionalidad permitirá una navegación más sencilla en la carpeta "Mis Documentos", a la vez que se liberará espacio adicional. Asimismo, contarás con una copia de respaldo en caso de cualquier eventualidad.

La capacidad de organización es adquirible a través del aprendizaje. Una tarea especialmente desafiante consiste en desarticular los patrones negativos arraigados a lo largo de toda una vida, tal como la acumulación de documentación sin tramitar. La clave para mejorar la organización radica en comenzar con un paso inicial de menor magnitud y posteriormente avanzar de manera gradual y secuencial. Es posible que te des cuenta de que aquello que has pospuesto durante años solo requiere una hora de tu tiempo. Y una vez que experimentes las ventajas en una faceta de tu existencia, encontrarás la motivación necesaria para continuar.

La aplicación práctica de los consejos en gestión del tiempo y organización es fundamental para obtener beneficios de los mismos. Retrasar las tareas puede constituir el error de mayor envergadura que cometen la mayoría de los estudiantes de educación superior.

Métodos Y Tácticas Para La Elaboración De Planes

Como eventual administrador competente del tiempo, resulta imperativo enfocarse en la eficacia. Carece de sentido justificar la realización de múltiples tareas si no se alinean con los propósitos y metas que se persiguen.

Un hábil administrador de tiempo se distingue por su capacidad para abordar las tareas pertinentes; todo lo contrario sería considerado como una ineficiente gestión del tiempo.

Con el propósito de promover el desarrollo de esta herramienta, a continuación presentaré una serie de técnicas y estrategias destinadas a fomentar el aprendizaje de la planificación. Todas son importantes:

Tener conocimiento sobre cómo utilizar adecuadamente el tiempo

El mantenimiento de un registro horario resulta una herramienta efectiva para evaluar el aprovechamiento del tiempo.

Inicie la documentación de sus actividades en intervalos de 15 minutos durante una o dos semanas. Evalúe los resultados.

Reflexione sobre si ha cumplido con todas las responsabilidades necesarias; identifique las actividades que consumen la mayor parte de su tiempo; establezca el momento del día en el que es más productivo; y evalúe en qué áreas se enfoca principalmente su tiempo (trabajo, relaciones familiares, asuntos personales, recreación, etc.).

La identificación puede ayudarle a determinar si usted está invirtiendo su tiempo en las actividades más importantes; de lo contrario puede ayudarle a determinar una.

Adicionalmente, poseer una adecuada percepción en cuanto a la cantidad de tiempo requerido para llevar a cabo tareas de rutina puede contribuir a una planificación y estimación más realistas en relación a otras actividades.

Establecer prioridades

La gestión efectiva del tiempo implica discernir entre lo que es prioritario y lo que es apremiante[2].

Los especialistas concuerdan en que las labores prioritarias no suelen ser las que poseen mayor urgencia. No obstante, tendemos a permitir que las cuestiones urgentes tomen el control de nuestras vidas.

Una estrategia efectiva consiste en clasificar nuestras actividades en cuatro segmentos: aquellos que son urgentes, los que no lo son, los que son importantes y los que no lo son.

Aunque es necesario realizar las actividades que poseen urgencia e importancia, se recomienda dedicar menos tiempo a aquellas que carecen de importancia, sin importar su urgencia, con el propósito de ganar tiempo para enfocarse en actividades que no son urgentes pero sí importantes.

Al enfocarse en estas actividades prioritarias, se logra adquirir un mayor dominio sobre la gestión del tiempo y, potencialmente, disminuir la cantidad de tareas de importancia no urgente.

Una de las estrategias más sencillas para establecer prioridades es elaborar un inventario de tareas pendientes.

Si bien puede variar según su estilo de vida, puede optar por una lista diaria, semanal o mensual según sus necesidades. Le recomendamos tener precaución para evitar que la lista de decisiones se desborde y evitar mantener simultáneamente múltiples listas.

Organice los elementos de su lista de tareas pendientes según su prioridad, dándole énfasis a aquellos que sean importantes y urgentes. Es posible elegir la alternativa de clasificar los elementos en categorías como alta, media y baja, según su cantidad en orden ascendente, o mediante la implementación de un sistema de codificación cromática.

Le pedimos que tome en consideración que su objetivo no radica en marcar la mayor cantidad de artículos, sino más bien en marcar aquellos elementos que tienen una mayor prioridad [4]. Contar con un registro de prioridades le brinda la capacidad de declinar aquellos compromisos que, aunque resulten tentadores o generen una sensación de cumplimiento, no se alinean con sus principales prioridades.

Emplear una herramienta de planificación

Los especialistas sugieren la utilización de una herramienta de gestión de recursos humanos con el fin de optimizar la eficiencia laboral. Algunos ejemplos de instrumentos de planificación de carácter personal consisten en dispositivos electrónicos portátiles de organización, libros de planificación, sistemas de gestión del tiempo en línea, programas informáticos especializados, esquemas visuales, tableros de planificación, tarjetas y cuadernos. La acción de registrar sus tareas, horarios y otros asuntos puede despejar su mente y permitirle concentrarse en sus prioridades.

Los estudiantes con preferencia hacia el sentido auditivo pueden optar por expresar verbalmente sus pensamientos en su reemplazo. "El factor determinante radica en descubrir una herramienta de planificación que sea efectiva para su persona y emplearla con regularidad de forma consecuente." "Algunos puntos clave a tener en cuenta al utilizar una herramienta de planificación son:

• Recuerde registrar siempre su información dentro de la herramienta designada. La acción de registrar apuntes en distintas ubicaciones para luego tener que transferirlos resulta ineficaz.

• Realice una revisión diaria de su herramienta de planificación.

• Asegúrese de portar siempre consigo su instrumento de planificación.

• Le recordamos la necesidad de mantener una lista de sus prioridades en

su herramienta de planificación y revisarla de manera periódica.
• Asegúrese de sincronizar los dispositivos electrónicos de agenda con su equipo informático y de realizar recargas periódicas de las baterías de su agenda.
• Preservar un sistema de respaldo.

Organizarte

Se recomienda encarecidamente a los organizadores profesionales que, como primer paso, se deshagan del desorden. Una técnica ampliamente empleada consiste en la conformación de tres compartimentos (o las esquinas de una estancia) con las denominaciones: "Conservar", "Donar" o "Desechar". Así se realiza la clasificación del caos en diferentes elementos dentro de estas cajas.
Descarte de manera inmediata los artículos contenidos en la categoría de "Deshecho". La caja de "Regalar" puede contener artículos que se desee vender, ceder o reparar, por lo tanto, se pueden

considerar algunos enfoques para deshacerse de estos elementos, como la organización de una venta en el jardín, la realización de donaciones a organizaciones benéficas o la entrega de regalos a amigos y familiares fuera de su hogar.

Una vez eliminado el desorden, el próximo paso consiste en establecer un sistema que le permita gestionar eficazmente su información (tales como tareas, documentos, correo electrónico, etc.). Fundamentalmente, existen cinco alternativas disponibles para organizar dicha información[5]:

1. Descartar, eliminar o proceder a su eliminación de manera adecuada.
2. Delegar: confiar la ejecución de una tarea, el manejo de un archivo o la provisión de una respuesta a otra persona.
3. Es imperativo asistir de forma inmediata. A continuación, disponer de él en la papelera o archivarlo.

4. Está presente de manera provisional hasta que se requiera una intervención o se obtenga información suplementaria.
5. Realizar una marcación permanente para su fácil localización en el futuro.

Programar su tiempo adecuadamente

Incluso las personas más ocupadas logran encontrar tiempo para aquello que desean hacer y consideran prioritario. La programación no se limita únicamente a registrar las obligaciones que uno tiene (como reuniones y citas), sino que implica asumir un compromiso efectivo con las actividades que se desean llevar a cabo.

Un adecuado diseño de programas exige una comprensión introspectiva. Al utilizar su registro de tiempo, es probable que haya identificado los períodos del día en los que experimenta mayor productividad y lucidez.

Organice sus labores más desafiantes para los momentos en que cuente con la máxima disposición energética.

Asigne un intervalo dedicado a sus tareas prioritarias y presérvelo de cualquier interrupción. Si tiene conocimiento de que experimentará períodos de espera o tiempo de desplazamiento, le recomendamos que planifique actividades de menor envergadura, tales como redactar una correspondencia, confeccionar una lista de compras, leer o aprovechar recursos de audio educativos, con el fin de aprovechar esos momentos de inactividad.

Procure acotar el tiempo asignado a aproximadamente el 75% de su jornada, reservando un espacio para actividades de índole creativa, tales como la planificación, el descanso, la reflexión y la lectura.

Solicitar asistencia a terceros

La delegación implica trasladar la responsabilidad de una tarea a otra persona, permitiéndole así liberar parte de su tiempo para dedicarlo a labores que demandan de su experiencia.

La delegación se inicia mediante la identificación de las responsabilidades delegables y posteriormente se procede a elegir a los individuos idóneos para llevarlas a cabo. Resulta imperativo elegir a un individuo poseedor de las competencias adecuadas, un bagaje de experiencia relevante, intereses afines y la autoridad suficiente para llevar a cabo dicha labor. Requiera una definición precisa de la tarea y sus expectativas, otorgando al individuo una moderada flexibilidad para adaptarla de acuerdo a sus preferencias.

Revise periódicamente para evaluar el nivel de avance de la persona y brindar cualquier forma de apoyo, teniendo precaución de no asumir la responsabilidad por completo. Finalmente, es importante tomar en cuenta la importancia de reconocer los logros de la persona y ofrecer sugerencias de mejora en caso de ser necesario.

Otra alternativa para obtener asistencia consiste en adquirir servicios o bienes que permitan ahorrar tiempo y recursos.

Por ejemplo, procure contratar los servicios de un jardinero o un profesional de la limpieza residencial, utilice un sistema informático automatizado, o participe en un programa de transporte publicitario para llevar a sus hijos a sus actividades extracurriculares, de modo que pueda disponer de tiempo libre para dedicarlo a otras ocupaciones.

dejar de dilatar

Podría estar procrastinando en la realización de tareas debido a diversas circunstancias. Quizás la tarea parece abrumadora o desagradable. Intente descomponer la tarea en componentes más pequeños que exijan menos tiempo de dedicación y permitan establecer plazos concretos y factibles.
Si presenta dificultades para comenzar, puede ser necesario que realice una tarea previa, como reunir los materiales necesarios o organizar sus apuntes. Adicionalmente, se sugiere establecer un sistema de incentivos para reconocer el

cumplimiento de cada pequeño componente de la tarea.

Manejar factores externos

El tiempo de uno puede sufrir alteraciones debido a circunstancias externas, tanto las que están relacionadas con otras personas como aquellas asociadas a diversos objetos o situaciones. Es posible reducir o eliminar el tiempo asignado a estas actividades mediante la implementación de algunos consejos sencillos que se enumeran a continuación:

• Utilizar el servicio de mensajería de voz y el período designado para efectuar las devoluciones de llamadas.

• Absténgase de conversaciones triviales. • Evite conversaciones informales. • Desista de mantener pláticas de poca importancia. • Prescinda de intercambiar diálogos insignificantes. "Permanecer enfo

- Mantenerse erguido o levantarse mientras se realiza una llamada telefónica. De esta manera, se incrementa la probabilidad de sostener una conversación breve.

- Implementar todas las acciones pertinentes de manera inmediata tras recibir la comunicación.

- Resérvese momentos específicos del día para atender a las llamadas y comunique a los demás su disponibilidad durante esos períodos.

- Por favor, asegúrese de tener a mano los números telefónicos de contacto cerca del teléfono. • Le recomendamos tener a su alcance los números telefónicos relevantes en las cercanías del teléfono. • Se sugiere mantener los números telefónicos importantes en un lugar accesible junto al teléfono. • Por favor, cerciórese de que los números telefónicos de emergencia estén disponibles y al alcance junto al teléfono.

• Planificar intervalos de tiempo en los cuales esté disponible para recibir visitas. • Asignar ventanas horarias en las que esté dispuesto a recibir visitantes. • Coordinar períodos de tiempo en los cuales esté abierto a recibir visitas.

• Aviso al visitante de manera educada que no es posible atenderlos en este momento y proponer reprogramar la visita en un horario más adecuado.

• Acordar un periodo de tiempo convenido para la visita.

• Familiarizarse previamente con el objetivo de la reunión. • Obtener conocimiento sobre el propósito de la reunión con anticipación. • Estar al tanto del fin de la reunión con antelación. • Asegurarse de tener claro el propósito de la reunión de forma anticipada.

• Ser puntual. • Cumplir con el horario establecido. • Arribar a la hora convenida. • Llegar de manera oportuna. • Cumplir con la puntualidad requerida.

• Inicie y finalice la reunión puntualmente.

• Elaborar una agenda y ajustarse a ella. Emplear un sistema de programación temporal, si resulta pertinente.

• Por favor absténgase de concertar citas a menos que sean imprescindibles y cuenten con un propósito o una agenda claramente definida.

• Defina un horario fijo para revisar y responder a su correo electrónico, sin dejar que se acumule hasta un punto en el que se vuelva excesivamente abrumador para organizar.

• Por favor, deshabilite las funcionalidades de mensajería instantánea dentro del correo electrónico.

- Encargarse de cada elemento de manera individua en la medida de lo posible. • Abordar cada elemento por separado, en la medida en que sea factible. • Tratar cada elemento individualmente, siempre que sea posible. • Tomar cada elemento de forma individualizada, en la medida de lo posible. Aplicar las alternativas de tratamiento previamente mencionadas.

- Organizar el correo en las inmediaciones de un contenedor de desperdicios y eliminar de inmediato el correo no deseado de su bandeja de entrada.

- Crear un cronograma principal para cada integrante de la familia con el fin de registrar sus compromisos de tiempo.

- Promueva la responsabilidad individual entre los miembros de la familia para que consulten el calendario general y eviten posibles conflictos.

- Establecer un espacio centralizado para la difusión de comunicaciones, como recordatorios de citas, notificaciones y mensajes.

Limitar la cantidad de tareas simultáneas

Estudios psicológicos de última generación han corroborado que la práctica simultánea de múltiples tareas no resulta en un ahorro real de tiempo. En realidad, suele suceder lo contrario con frecuencia. Se desperdicia tiempo al realizar transiciones entre tareas, lo cual conduce a una disminución de la eficicncia laboral[8]. La ejecución de múltiples tareas de forma rutinaria puede dar lugar a la dificultad de centrar la atención y mantenerla en momentos críticos.

Mantenerse saludable

El cuidado y la atención que usted otorga son una valiosa inversión temporal. La asignación de tiempo para descansar o abstenerse de realizar actividades de programación puede favorecer la revitalización tanto física como mental, generando así mayor agilidad y facilidad en la realización de tareas.

Adquirir habilidades para gestionar eficazmente el tiempo en función de su ritmo circadiano, organizando las tareas primordiales durante los momentos de mayor vitalidad y enfoque.

La mala administración del tiempo puede ocasionar fatiga, irritabilidad y las enfermedades más comunes.

Con el fin de disminuir el estrés, resulta necesario gratificarse mediante un logro en la gestión del tiempo. Tómese un momento para reconocer el logro destacado que ha obtenido al completar una tarea o un cometido, antes de proseguir con la siguiente actividad.

Plantéese algunas interrogantes básicas: ¿Dispone de un balance óptimo entre su labor profesional y su vida personal? ¿Está priorizando adecuadamente las tareas de mayor importancia en su vida? ¿Dedica un tiempo adecuado a su propio bienestar personal?

En caso de recibir una respuesta negativa a alguna de estas interrogantes, le recomendamos revisar sus tácticas de gestión del tiempo y elegir las que se ajusten de manera más efectiva a sus necesidades.

Tenga presente que la eficiente administración del tiempo en la actualidad puede conducir a una mayor satisfacción personal, mejores resultados tanto en el ámbito doméstico como laboral, incremento en la productividad y un futuro más gratificante.

Las manifestaciones de una inadecuada administración del tiempo

La inadecuada administración del tiempo impacta en todos los aspectos de su vida. A menudo, se crean percepciones erróneas en torno a las habilidades de gestión del tiempo, ya que algunas personas tienden a asociar su agenda ocupada como prueba de su eficacia. Ellos se encuentran en un estado de constante movilidad y perciben una alta carga de trabajo.

Contar con una agenda saturada no implica una correcta gestión del tiempo. El significado es simplemente que usted cuenta con múltiples ocupaciones o responsabilidades. La premisa más esencial de la gestión del tiempo, y una que a menudo se malinterpreta, es afirmar que la eficacia tiene una importancia mucho mayor que la eficiencia. La eficiencia y la eficacia se emplean de forma intercambiable, aunque no son conceptos idénticos.

La Relevancia De La Administración Del Tiempo

El tiempo representa un recurso de un valor indiscutible para los empresarios, mismo que no puede ser almacenado ni reservado para su utilización en momentos posteriores. La disponibilidad de tiempo es igual para todas las personas, pero los emprendedores deben adquirir la habilidad de gestionar su tiempo de manera eficiente.

Tal vez no haya tomado conciencia de ello, pero la administración del tiempo impacta en todos los aspectos de su vida. Facilita la ejecución de tareas prioritarias, lo cual resulta en un aumento considerable de la productividad. Con el transcurso del tiempo, ese incremento en la productividad adquirirá un efecto acumulativo que tendrá un impacto significativo en su carrera y vida personal.

Numerosos individuos experimentan la sensación de no contar con el tiempo necesario para lograr todo aquello que desean en su existencia. Por lo general, se sostiene que la falta de tiempo es la causa de los incrementos en el estrés, las relaciones problemáticas, las dificultades financieras y la falta de ejercicio. No obstante, mediante una apropiada destreza en el manejo del tiempo, es posible alcanzar todos los objetivos planteados.

La administración del tiempo puede permitirle discernir sus prioridades y tomar decisiones conscientes con el fin de brindar mayor tiempo a aquellas actividades que resultan provechosas para su empresa. La adecuada administración de su tiempo también puede contribuir a lograr sus metas de manera más rápida. La correcta administración del tiempo le otorgará la capacidad de llevar a cabo un mayor número de actividades en un lapso menor, minimizando tanto el esfuerzo como el estrés involucrados.

Las ventajas de la administración del tiempo

El manejo eficiente del tiempo impulsa a la persona a desarrollar mayor puntualidad y disciplina. Su motivación lo lleva a trabajar únicamente cuando se requiere. Con el fin de optimizar la utilización del tiempo disponible, es necesario elaborar un inventario de actividades o un programa de labores. Es necesario realizar una planificación óptima del tiempo mediante la elaboración de una lista de actividades o tareas que deban ser llevadas a cabo a lo largo del día. Resulta fundamental incorporar plazos específicos en su registro de tareas, junto con la indicación precisa del grado de urgencia para cada una de ellas. Elaborar un plan o una lista de tareas puede brindarle una mayor siguiente dirección al ejecutar su labor. Estoy dispuesto a asistirle en la identificación de cómo estructurar su día de manera eficiente, para maximizar su productividad en menor tiempo.

Además, al gestionar adecuadamente su tiempo, podrá incrementar su nivel de organización. Adquirirá habilidades para mantener un entorno de trabajo organizado, lo cual le permitirá ubicar de manera eficiente documentos, carpetas y archivos. Mediante la implementación de prácticas de gestión del tiempo de calidad, adquirirá una mayor aptitud para administrar eficientemente sus asuntos.

Contar con una estrategia para administrar eficazmente su tiempo contribuirá a lograr sus metas y objetivos en el menor lapso de tiempo posible. Con una adecuada destreza en la gestión del tiempo, podrá lograr sus metas anticipadamente y concluir sus labores dentro de los plazos establecidos. Mediante la implementación de una eficiente administración del tiempo, experimentará un significativo incremento en su nivel de productividad, permitiéndole alcanzar sus metas sin requerir un esfuerzo adicional en sus labores.

Los inconvenientes que puede acarrear una mala administración del tiempo en su empresa

La falta de eficiencia en la administración del tiempo en relación a su negocio puede acarrear una serie de problemas y repercusiones indeseables. La falta de una habilidad destacada para administrar el tiempo puede resultar en la falta de cumplimiento de los plazos establecidos, una deficiente calidad del trabajo, un excesivo nivel de estrés, así como un flujo de trabajo ineficiente, entre otros problemas potenciales.

En caso de no administrar adecuadamente sus recursos temporales, le será sumamente desafiante culminar sus tareas dentro de los plazos establecidos, lo cual podría llevar a la percepción de su falta de eficiencia y confiabilidad. Los usuarios, compradores y colaboradores desarrollarán desconfianza en su habilidad para liderar una empresa exitosa. El incumplimiento de los plazos y la impuntualidad dañarán significativamente su reputación, lo que podría afectar su vida personal y su bienestar. Si usted aspira a ser un empresario exitoso, es imprescindible que adquiera un dominio y mejore sus competencias en la gestión del tiempo, con el fin de maximizar su productividad y eficiencia.

¿Cuál Es La Mejor Manera De Mejorar La Eficacia En La Lectura De Los Correos Electrónicos?

Similarmente a considerar que todos los correos electrónicos no son idénticos, resulta poco estimulante examinarlos en secuencia de recepción o abordarlos de manera consecutiva desde el principio hasta el final uno por uno.

Claramente, este método de organización muestra falta de inteligencia.

Es necesario establecer una jerarquía en la atención de correos electrónicos que posibilite el logro de estos objetivos:

- Dar prioridad a la atención de los correos electrónicos de importancia. - Atender de manera preferente los correos de relevancia. - Poner en primer lugar la atención a los correos de alta importancia. - Responder en primer término los correos de importancia prioritaria.

Reservar los correos de menor importancia para momentos de menor exigencia en el día.

- Contar con el tiempo necesario para llevar a cabo tus tareas sin interrupciones.

Lea la totalidad de sus correos electrónicos sin perder ni uno solo.

Con el fin de alcanzar estos objetivos de manera efectiva, es necesario establecer un programa para la revisión de los correos electrónicos a lo largo del día.

Por ende, resulta de suma importancia establecer una serie de prácticas regulares al momento de gestionar el correo electrónico.

En caso de no contar con ellas, nos veremos inmersos en un ciclo repetitivo de verificaciones constantes y distracciones continuas.

Un enfoque para lograr esto es utilizar carpetas que le permitan categorizar automáticamente los correos electrónicos que recibe.

Es posible emplear las herramientas de filtrado disponibles en las plataformas de correo electrónico.

Por ejemplo, podrías establecer una carpeta dedicada a los asuntos prioritarios que se aborden tanto al inicio de la jornada matutina como en la tarde.

Se sugiere la creación de una segunda carpeta destinada a la inclusión de los asuntos de menor relevancia, que serán objeto de revisión en una sola ocasión durante la tarde.

Además, se proporcionará una carpeta conteniendo asuntos de menor importancia que serán revisados al cierre del día.

La utilización de correos electrónicos se ha consolidado como una práctica permanente y su número sigue en aumento.

Ya sea que desarrollemos un sistema inteligente para facilitar la gestión de su chequeo y revisión, o nos enfrentaremos crecientemente a dificultades en nuestra organización.

Por consiguiente, resulta imperativo incorporar todas esas obligaciones en nuestro sistema de eficiencia.

Se requiere un individuo que sea altamente confiable, habiendo sido previamente sometido a pruebas exhaustivas, y cuyo diseño pueda evolucionar conforme evaluemos oportunidades de mejora.

Con el fin de progresar en la gestión de la ansiedad, es fundamental tomar en consideración el concepto de la bandeja de entrada, donde podremos almacenar todas nuestras obligaciones e ideas a medida que surjan en nuestra mente.

Es crucial, ya que resulta imprescindible liberar nuestra mente de cualquier idea o preocupación con el fin de poder concentrarnos en las tareas prioritarias en este preciso momento.

Siguiendo este enfoque, podremos concluir las labores y proyectos específicos.

Deseo ofrecer una aclaración sobre la cuestión de la multitarea.

A pesar de que existe una broma recurrente entre las mujeres en relación a que los hombres solo somos capaces de llevar a cabo una tarea a la vez, mientras que ellas son capaces de realizar múltiples actividades simultáneamente, la verdad es que cuando se desea llevar a cabo una tarea con eficiencia y prontitud, es necesario enfocarse en una única actividad.

De otro modo, consideremos momentos en los cuales nos encontramos en situaciones peligrosas o de alta tensión, y nos concentramos completamente en abordar el problema en cuestión.

Nos enfocamos en el problema con gran dedicación, lo cual nos permite buscar una solución eficiente y veloz.

Ósea, hablamos de eficiencia.

Lograr los objetivos con la menor inversión económica posible.

Es patente que es posible llevar a cabo múltiples actividades simultáneamente, especialmente cuando algunas de ellas se realizan de forma automática, tales como conducir, caminar, bajar escaleras o respirar.

Sin embargo, ¿desearía formular una consulta?

En ese caso, ¿por qué ocurren colisiones automovilísticas o las personas ocasionalmente sufren tropiezos?

Si realizamos una tarea en modo automático mientras nuestra mente se concentra en otra, existe una alta probabilidad de cometer errores, los cuales, si bien pueden ser insignificantes en algunas circunstancias, podrían generar graves consecuencias si nos encontramos conduciendo a una velocidad de 120 km/h...

La falta de recuerdo acerca de tus acciones se debe a tu inmersión en otro asunto mientras las llevabas a cabo de forma inconsciente.

Con qué frecuencia has olvidado dónde colocaste las llaves?

En resumen, si deseas ejecutar algo con precisión y evitar errores, resulta fundamental centrar y dedicar tu atención a dicha cuestión o tarea.

Resulta desafiante mantener la concentración, estoy consciente de ello.

Sin embargo, mediante la repetición constante se adquiere y perfecciona dicha destreza.

Cuando se reflexiona simultáneamente sobre un exceso de asuntos con regularidad, inevitablemente se experimentará cierto grado de estrés o ansiedad.

Estarás agobiado.

Es necesario que registres todas tus ideas y tareas pendientes en un sistema de gestión confiable y altamente productivo, con el fin de poder determinar cuáles serán tus prioridades a realizar.

Esta herramienta te facilitará la gestión de tu estrés y te permitirá mejorar tu organización.

Considera que es inútil dedicarse a actividades que no son prioritarias o que tengan escaso valor a largo plazo.

Dedicarles atención inmediata debido a su reciente llegada o a un repentino recuerdo no resulta necesariamente lo más eficiente.

En ese momento se manifiesta la tensión y la percepción de haber estado lidiando con problemas constantemente sin dirección clara.

De ahí radica la importancia de contar con un sistema de productividad personal, en el cual puedas depositar plena confianza y gestionar todas tus tareas pendientes de manera eficiente.

La premisa es evitar la ansiedad que pueda generarse debido a la falta de acción en ese preciso instante.

Simplemente tendrías que poner esa tarea en la bandeja de entrada correspondiente, dado que tienes plena confianza en el funcionamiento del sistema, y se encargarán de su procesamiento y gestión oportuna sin contratiempos.

En otras palabras, la determinación está en tus manos y no en las manos de terceros.

Resulta más apropiado verter de manera completa todo lo que tienes en mente.

Y continúe proveyendo y nutriendo continuamente su sistema mientras esté trabajando, de acuerdo con las nuevas tareas que surjan.

De este modo, tu mente será liberada para poder concentrarse plenamente en la tarea que estés llevando a cabo en ese instante.

Definiendo los proyectos.

Si la tarea en cuestión implica una cantidad sustancial de tiempo y compromiso, se debe reconocer que lo que está tratando puede ser potencialmente más que una simple tarea, sino más bien un proyecto multifacético que abarca varias tareas o fases de ejecución.

Estamos discutiendo acerca de tareas altamente complejas que demandan numerosas gestiones.

Debemos reconocer y clasificar estos proyectos que no constituyen tareas en pequeñas gestiones.

Pueden incluir, por ejemplo, la planificación de un evento social, el desarrollo de un sitio web, la gestión de compras en el supermercado, la administración de una cuenta de cliente, la atención a potenciales clientes o la redacción de un libro.

Si se observa detenidamente, los proyectos pueden presentar diversas cualidades.

Pueden ser algo establecido, pueden ser una lista permanente, o tal vez algo con una duración definida.

Acostumbramos a cometer errores al distinguirlos, sin embargo, un proyecto es una entidad independiente y no se debe confundir con una simple tarea.

Por consiguiente, resulta crucial evitar la confusión entre una labor de complejidad y un emprendimiento.

Una tarea de gran magnitud y difícilmente manejable tal vez no podremos concluir en una sola ocasión debido a las constantes distracciones tanto externas como internas que inevitablemente surgen.

Y por consiguiente, por no tenerla divida en fases o tareas más concretas, posiblemente tendremos problemas para identificar por donde continuar y por consiguiente, no solo perderemos el tiempo que se requiere de nuevo para concentrarse, si no el tiempo de localizar el punto de salida del proyecto o por donde tenemos que volver a entrar para continuar con él.

En efecto, varios individuos optan por comenzar desde cero con el objetivo de garantizar una ejecución adecuada en todos los aspectos.

Por consiguiente, podemos afirmar que hemos experimentado una pérdida de tiempo debido a que todos los esfuerzos dedicados previamente a la interrupción han resultado en vano.

Se requiere descomponer un proyecto en tareas alcanzables que puedan ser completadas en intervalos de tiempo reducidos, y que inspiren la disposición a actuar para llevarlas a cabo.

El regocijo al observar tu progresivo avance en ese proyecto mediante la realización de tareas de menor magnitud crecerá gradualmente, provocando un mayor deleite en el trabajo y un incremento en tu motivación diaria.

La falta de motivación a menudo es el resultado de no lograr resultados tangibles en ningún aspecto a corto plazo.

Te entusiasman determinados proyectos que tal vez sean bastante ambiciosos y los emprendes rápidamente sin realizar una planificación adecuada ni establecer objetivos intermedios específicos (como una etapa intermedia o una tarea inicial que conlleve otras posteriores). Como resultado, te desanimas al no lograr avances significativos.

En el día subsiguiente, es posible que optes por reiniciar desde el inicio para evitar no alcanzar el término.

Obtener el desenlace resulta sumamente arduo debido a su procedimiento de gran complejidad, ya que únicamente percibimos la totalidad sin fragmentarla en componentes que sean abordables individualmente.

Posteriormente, uno se encuentra reflexionando sobre la futilidad de reiniciar el proceso si no se espera alcanzar resultados positivos.

Racionalmente, concluimos por renunciar cuando la motivación es escasa y nos hemos desencantado.

La autoestima se va por los suelos entonces y por consiguiente, no se intenta nada a continuación.

Y claramente, no se alcanza ningún resultado.

Esto resulta muy adecuado para justificar de manera apropiada la consiguiente disminución de la autoestima.

Esto suele suceder cuando se tiene el objetivo de reducir el peso corporal...

Se trata de un caso evidente de autodestrucción automática que podría haberse evitado con facilidad.

Simplemente debes elaborar adecuadamente la planificación de tus proyectos.

El propósito consiste en que gradualmente adquieras habilidades para ser un destacado administrador de proyectos que incluyan diversas tareas o etapas manejables, las cuales te ayuden a acercarte a tus metas.

No vaciles en generar múltiples proyectos.

En más tengas mejor.

Contar con un sistema de alta eficiencia que sea regularmente evaluado, contribuirá a alcanzar jornadas verdaderamente satisfactorias y productivas.

Tendrá conocimiento de la ubicación adecuada para depositar todo lo que sea recibido en la bandeja de entrada de manera fluida y sin experimentar inquietudes.

No se preocupe por trasladar las tareas de la bandeja de entrada a los proyectos correspondientes.

Cuando desees progresar en una iniciativa específica, todo estará disponible.

Y quedará asombrado al contemplar el conjunto con mayor lucidez.

Reflexione sobre la transitoriedad y la evolución continua de todas las cosas, especialmente en lo que respecta a los proyectos.

Estos experimentan variaciones en su denominación, experimentan transformaciones, las responsabilidades evolucionan, se trasladan de proyecto en proyecto, se incrementan en número, se desechan, se archivan permanentemente como recursos de información o consulta, se convierten en nuevos proyectos, entre otros.

Un sistema productivo eficiente se caracteriza por su capacidad de operar de manera fluida y su habilidad para adaptarse de manera flexible a las circunstancias cambiantes en el momento.

Desde mi perspectiva, tengo una preferencia personal por trabajar en proyectos ubicados en la misma estructura jerárquica en lugar de proyectos y subproyectos.

La creación de sub-proyectos puede desencadenar una estructura jerárquica de proyectos que resulte abrumadora para la gestión eficiente del sistema productivo existente.

Considero que sería más beneficioso tener todos los elementos a tu disposición de manera equitativa, permitiéndote elegir en cuáles enfocarte regularmente, en cuáles deseas profundizar y en cuáles no deseas avanzar en absoluto en este momento debido a las circunstancias actuales.

Indudablemente, es preferible contar con una uniformidad total.

Ladrones De Tiempo

Los llamados "ladrones de tiempo" constituyen específicamente circunstancias, eventos, situaciones y tentaciones. Las actividades que te consumen tiempo son pura pérdida de tiempo. Estas acciones ilícitas o engaños pueden ser perpetrados por actores externos (tales como interrupciones o llamadas no autorizadas) o por usted mismo, ya sea de forma intencional o involuntaria (mediante pausas innecesarias o falta de organización).

Debes estar vigilante para detectarlos oportunamente, evitar su aparición y, en el escenario más favorable, anticiparte a ellos. Con una adecuada planificación y siguiendo las siguientes directrices, serás capaz de gestionarlos eficientemente, evitando así que interfieran en la duración de tus tareas o limiten tu tiempo disponible para el trabajo, el disfrute o el descanso.

Es esencial tener en cuenta la presencia de estos delincuentes y ser capaz de reconocerlos con el objetivo de lograr una administración del tiempo eficiente. A continuación, procedo a listar los elementos más comunes y a instruirte sobre las estrategias adecuadas para contrarrestarlos.

Todo requiere atención inmediata y tiene un alto nivel de importancia.

No. Acudir a la peluquería para realizar un corte de puntas debido al deterioro evidente de tu cabello no se considera una prioridad relevante en este momento. Asimismo, no resulta apropiado adquirir el nuevo modelo de la X-BOX. Es posible que sientas una gran motivación, sin embargo, en el contexto general de las responsabilidades, al compararlas con aquellas que son prioritarias, estas se convierten en tareas "postergables" (serían los elementos menos importantes en la metáfora del cubo del tiempo). Este es meramente un ejemplo ilustrativo, pero indudablemente ha sido comprendido. No todo puede ser considerado urgente ni tiene importancia igualmente significativa: es necesario establecer una jerarquía para poder planificar adecuadamente.

NI PLANIFICAR NI PROGRAMAR

Deseo evitar redundancias, sin embargo, si no llevas a cabo una adecuada planificación y organización de tus labores, inevitablemente incurrirás en una considerable pérdida de tiempo. El acto de intentar recordar y anotar de manera dispersa en papelitos no contribuye a la gestión efectiva del tiempo, sino que más bien lo dificulta. Hago hincapié en la importancia de la planificación y programación de tareas como uno de los aspectos fundamentales para lograr abarcar todas las responsabilidades.

NO ESTAR PREPARADO

Previo al inicio de una tarea, es crucial cerciorarse de contar con todos los elementos requeridos: lápiz, goma de borrar, diccionario, vaso de agua, calculadora, así como el ordenador debidamente cargado. De no ser así, se verá obligado a interrumpir constantemente su labor para obtener dichos elementos de manera recurrente. Estas interrupciones son comparables a entidades que drenan progresivamente tu tiempo sin que puedas percatarte. Reflexiona acerca de la suma del tiempo invertido en realizar múltiples pausas durante tus estudios, como levantarte para ir a la cocina en busca de agua o comida, para ir al baño o buscar un pañuelo de papel. Asimismo, considera las ocasiones en las que te desplazas al armario o buscas en un cajón para encontrar una grapadora o consultar un presupuesto, o esperas a que tu ordenador cargue antes de poder realizar tu trabajo. Es evidente que una cantidad considerable de tiempo se desaprovecha en actividades no productivas. Prevé este inconveniente al asegurarte de contar con todos los materiales necesarios antes de comenzar la tarea, y al asegurarte de que tu estado físico te permita trabajar sin distracciones causadas por hambre, sed o la necesidad de hacer una pausa para usar el baño.

CALENDARIO SATURADO

Si tu agenda o calendario está abrumadoramente ocupado con actividades y tareas programadas, experimentarás un agotamiento meramente al contemplarlo. Por otro lado, un exceso de carga laboral o responsabilidades puede tener un impacto negativo en tu estado anímico, nivel de energía y bienestar físico. No te exijas tanto. El propósito de la vida radica en encontrar placer y disfrute a pesar de las responsabilidades cotidianas que llevamos. No permitas que te arrastren y busca una solución.

Si cuenta con una cantidad excesiva de responsabilidades, existen diversas alternativas para abordar dicha situación. Podrías, por ejemplo, ajustar tu calendario para postergar algunas tareas menos urgentes. Resulta fundamental establecer una correcta jerarquización a fin de llevar a cabo esta tarea, dado que es imperativo llevar a cabo las tareas de mayor relevancia sin excepción. ¿Estás familiarizado con la frase 'primero, lo primero'? Pues eso. Tal vez podrías transferir algunas tareas de la mañana a la tarde o posponerlas para más tarde, entre otras posibilidades.

Una alternativa para disminuir las tareas es realizar recortes. Rechace algunas (a continuación se presentarán las instrucciones de cómo hacerlo). Elimine aquellas actividades que carecen de importancia y que están absorbiendo una cantidad excesiva de tiempo que podría emplearse de manera más relajada o para llevar a cabo otras tareas con mayor serenidad. No poseemos habilidades sobrehumanas, y nuestras capacidades son limitadas. Renuncia a tareas que no te compensan. En caso de que poseas responsabilidades a las cuales no puedas renunciar, te sugiero que las delegues. Pide ayuda. Ahora examinemos este asunto de manera más minuciosa.

NO DELEGAR

La responsabilidad de algo no implica necesariamente tener que realizarlo uno mismo. La responsabilidad implica garantizar que la tarea sea completada, sin importar la identidad de la persona encargada de ello. En ocasiones, emprender una tarea personalmente no conlleva necesariamente un ahorro de tiempo o dinero, ya que esos recursos podrían emplearse de manera más provechosa. Tengamos en cuenta el caso de los dos países que obtuvieron mayores beneficios al subcontratar un producto en lugar de fabricarlo internamente. Suministraban al país con ambos productos, aunque optaban por adquirir uno de ellos de otra nación debido a su mayor rentabilidad en comparación con la utilización de los recursos internos.

Haz lo mismo. Si obtienes mayores ganancias al realizar otra actividad, permite que alguien más se encargue de ella. Si el valor de la limpieza de tu hogar es de 10€ por hora y puedes ganar 20€ realizando otra actividad, sería inadecuado que te dediques a la tarea de limpiar. Deja de percibir una ganancia de 10€ por cada hora invertida en tareas de limpieza (indudablemente, rememorarás nuestra discusión previa sobre el concepto de costo de oportunidad...).

No debes sentirte apenado por permitir que te brinden asistencia. Todos requieren de apoyo, tanto en el ámbito laboral como en el personal, ya sea mediante una compensación económica o solicitando amablemente el favor. Si tu madre cuenta con la disponibilidad de retirar a los niños del centro educativo, mientras tú aprovechas la oportunidad para concluir una tarea, ella estará gustosamente dispuesta a hacerlo. En otra ocasión podrás corresponderle amablemente.

Si te empeñas en abordar todas las tareas por ti mismo, ya sea por motivos de orgullo, porque consideres que es tu responsabilidad o porque creas que nadie puede desempeñarlas tan bien como tú, experimentarás una sobrecarga de trabajo que finalmente no podrás completar o te agotarás al final del día, y te faltarán las ganas para enfrentar el día siguiente. Ten en cuenta que es esencial que experimentes satisfacción, disfrutes y realices tus responsabilidades de manera efectiva.

No poseer la habilidad de negarse. LA ASERTIVIDAD

¿Alguna vez has experimentado la sensación de verse compelido a realizar una tarea solicitada como favor, a pesar de no poseer el deseo o el gusto por hacerlo? Seguramente. Resulta bastante frecuente experimentar dificultades ocasionalmente al negarse a ciertas situaciones o individuos, especialmente cuando se trata de seres queridos como familiares o amigos cercanos. Podría ser debido a aprensión por causar una mala impresión, temor a perder una amistad, reciprocidad de un favor, o inquietud acerca de ser percibido como egoísta. No obstante, esta percepción no es acertada. Debe adquirir la habilidad de negarse, tanto en el ámbito laboral como en su vida personal. No estás obligado a cumplir con todas las peticiones de los demás. No es de tu incumbencia y no debes experimentar sentimientos de culpa por esta situación. En caso de que tu tendencia a siempre asentir por temor a negarte persista, te insto a continuar leyendo con detenimiento.

Si dispones de tiempo adicional para realizar acciones altruistas, sería óptimo. Brindar asistencia a las personas y realizar actos de cortesía es altamente gratificante desde una perspectiva personal. Sin embargo, si tu agenda está altamente ocupada, no debes comprometerte a costa de tus responsabilidades, tu bienestar físico, tu tiempo de recreación o tus pasatiempos. Eres el primer candidato de la lista. Eres el principal responsable de ti mismo y debes velar por tu bienestar. ¿Quién más llevará a cabo esta tarea si no lo hago yo?

Existen métodos para expresarse con delicadeza al negarse, evitando causar daño a terceros. Esto se llama asertividad. La assertividad implica encontrar un equilibrio entre la agresión y la pasividad. En otras palabras, no causas daño a nadie mediante tu rechazo ni te sometes a la voluntad de terceros. Implica comunicarse de manera consciente, coherente, franca y equilibrada con el fin de expresar tus pensamientos y emociones, defendiendo tus derechos legítimos sin ningún deseo de causar daño o perjuicio a los demás. Implica comportarse con seguridad en uno mismo y basándose en el razonamiento, en lugar de dejarse llevar por las emociones, la ansiedad o el sentimiento de culpa.

No resulta sencillo y, de inicio, en caso de no estar habituado, será necesario realizarlo de forma algo no natural. Sin embargo, a medida que te acostumbres, adquirirás una destreza más fluida y confiada en esta práctica. No pretendo insinuar que necesariamente debas rechazar todas las solicitudes que te hagan, sino más bien que selecciones sabiamente cuáles son las que te impiden cumplir con tus responsabilidades individuales, ya sean estas obligaciones laborales, académicas, personales o familiares. A continuación, me permito recomendarte las siguientes estrategias:

• Es importante reconocer que no se es capaz de realizar todas las tareas: Nadie tiene la capacidad de hacerlo. Contamos con recursos y habilidades limitados, por lo tanto, es posible que tu perfil no sea el más apropiado para llevar a cabo la tarea que te ha sido asignada. No experimentes sentimientos negativos por no tener esa capacidad o por no ser capaz de realizar esa acción. Es una situación habitual y el resto de individuos tienen conocimiento de ello.

• Tenga en cuenta que no es una persona egoísta: Al negarse ocasionalmente, no se transformará en un individuo egoísta que no contribuye al bienestar de los demás. ¿Qué ocurre con las ocasiones previas en las que has dado tu consentimiento?

• Considere que no es posible agradar a todos debido a la diversidad de opiniones. • Reflexione acerca de la realidad de no poder satisfacer las expectativas de cada individuo. • Tenga en cuenta que resulta impracticable satisfacer las necesidades y deseos de todas las personas. Además, en caso de que las personas estén conscientes de tu tendencia a siempre conceder, es probable que se aprovechen y aumenten sus solicitudes con el tiempo. No permitas que esto suceda. Los egoístas son ellos. Defiéndete.

• Al negarse a algo, se está abriendo la posibilidad a diferentes oportunidades: Al proteger sus tareas y evitar comprometerse con más, se estará aceptando dedicarse a todas ellas: sostener el vínculo familiar, ejercitar sus pasatiempos, desempeñar su labor de manera exitosa... Estas decisiones desencadenan repercusiones positivas no solo para usted, sino también para aquellos a su alrededor. La preservación de tu empleo te permite contribuir económicamente en el hogar, mientras que la dedicación a tus pasatiempos genera un sentido de felicidad y bienestar en ti, lo cual repercutirá en tu entorno familiar y social. De hecho, estás igualmente protegiendo a tu entorno.

• ¿Por qué te inquietas al expresar negación?: Hemos observado previamente que resulta de suma relevancia tener un profundo conocimiento de uno mismo (saber qué deseas, cómo te desarrollas, cuál es tu valía...) al momento de administrar tu tiempo. Reflexiona sobre cuál es exactamente tu temor al negarte y procede en consecuencia. Tal vez el problema recae no en tu persona, sino en la otra parte involucrada. ¿Tu pareja te está exigiendo demasiado? ¿Eres sometido a una carga excesiva en tu empleo? ¿Existe la posibilidad de que tus amigos te valoren únicamente por los beneficios que obtienen de ti? Quizá sería oportuno considerar la posibilidad de buscar una pareja, empleo o círculo social diferentes." Piénsalo.

- No permitas ser objeto de manipulación: Las personas emplean diversas estrategias para obtener lo que desean de los demás. Es imperativo adquirir la habilidad de identificarlas con el fin de evitar ser engañado y terminar realizando acciones que no deseas. Algunas personas emplean tácticas de coacción, manipulación emocional, lisonjas o sentimientos de culpabilidad para influir en tus decisiones de manera inadvertida. No muerdas el anzuelo.

- Por favor, evita retrasar la toma de decisión: Te insto a responder afirmativa o negativamente de la manera más pronta posible. Si decides posponer tu respuesta, generarás una impresión negativa, dando a entender que no tienes interés en cumplir con la solicitud sin una excusa válida, lo cual resultará en una pérdida de tiempo tanto para ti como para la otra persona.

- Exprésate con serenidad: Procura mantener la compostura y evitar mostrar muestras de emocionalidad al comunicar tus ideas. Si muestra debilidad, culpa o tristeza... la otra persona puede aprovechar esta oportunidad para persuadirlo persistentemente para que cumpla con sus pedidos. En caso de encontrarse cara a cara, es importante que tu lenguaje corporal sea coherente, evitando demostrar signos de nerviosismo o inseguridad.

• Proporciona una justificación: Explica la razón por la cual no puedes realizar dicha solicitud. Por favor, expresa la verdad y menciona las demás responsabilidades que debes cumplir con el fin de respaldar tu argumento. La otra persona probablemente se mostrará reticente a solicitar que dejes de ocuparte de tus propios asuntos para atender los suyos. En caso de que llegue a hacerlo, estará ejerciendo manipulación hacia ti, tal y como hemos mencionado previamente.

- Proponga una alternativa o recurra a otra persona: A pesar de su negativa, usted tiene la capacidad de presentar una solución alternativa, ya sea por su cuenta o a través de la intervención de un tercero. En caso de que no puedas asistir a una cita médica acompañando a alguien, puedes considerar la posibilidad de sugerir a otro conocido o facilitarle tu vehículo para que pueda acudir sin compañía.

- Evita disculparte en exceso: Basta con expresar una vez "lamento no poder hacerlo". Si esta conducta se repite de manera constante, manifestando un profundo malestar por la incapacidad de realizarlo y similares, se revelará una debilidad o dará la impresión de que se está mintiendo.

La Administración Del Tiempo Y Tus Convicciones

Analizar los aspectos relacionados con los roles, objetivos y misión te permitirá adentrarte en el contexto y comprender tu situación actual, así como tu contribución en dicho contexto. En caso de alterar el contexto, se producirán cambios en todas las demás variables. En una relación sentimental, por ejemplo, existe una diferencia destacable entre que la pareja provenga de un entorno económicamente favorecido o de un entorno más modesto. Los contextos presentan diferencias sustanciales, lo cual implica que la relación se experimentará de manera completamente distinta. De forma análoga se producirán situaciones en el entorno laboral.

La precisión y la exactitud son componentes esenciales dentro del contexto. Con el fin de abordar este asunto, se requiere que expongas tus propias convicciones. Es importante que entiendas que las ideas equivocadas guiarán tus acciones y, en consecuencia, resultarán en acciones infructuosas que no te permitirán ser productivo de manera significativa.

Desde esta perspectiva, se requiere dedicar una considerable cantidad de tiempo a examinar detenidamente las propias creencias, con el objetivo de identificar posibles inconsistencias entre ellas y la experiencia personal de la realidad. Es importante tener presente que existe una distinción significativa entre los conocimientos adquiridos en la universidad (creencias) y el entorno laboral en el que uno se desenvuelve (experiencia de la realidad).

Al operar en el nivel más elevado del contexto y los objetivos, lograrás avances significativos. Esto te conducirá a distanciarte de las redes sociales, como Twitter y Facebook, así como de los juegos en dispositivos electrónicos, y a dedicarte al desarrollo personal. Si modificas tu entorno, alteras por completo los elementos fundamentales: propósito, objetivos, proyectos y actividades.

La acción primordial que puedes tomar para gestionar eficientemente tu tiempo consiste en esforzarte por comprender la realidad con la máxima exactitud achievable. Tu experiencia personal deja una impresión indeleble, y tu educación formal también reviste importancia, dado que debe ser de algún modo incorporada en tu enfoque de la administración del tiempo. No puede haber incongruencias. Es imprescindible que tus creencias, pensamientos y acciones se alineen armoniosamente con la realidad en sí misma.

SOLUCIONA TUS INCONSISTENCIAS PARA ALCANZAR UNA EFICIENTE ADMINISTRACIÓN DEL TIEMPO

Un error recurrente que podría llevar a una gestión del tiempo subóptima es permitir la persistencia de incongruencias en los aspectos de tu vida. Si nos referimos a las relaciones de pareja, se constata un elevado nivel de infidelidad a pesar de los compromisos asumidos con la persona amada. Esta situación se debe a que una facción de nuestra consciencia sostiene que dichas creencias son verídicas, mientras que otra facción sostiene lo contrario. En vez de abordar dicho conflicto, intentamos evitar su consideración. El abordaje de este problema conlleva la posibilidad de enfrentar perturbaciones significativas que nos generan preocupación. Nos inclinamos hacia la ocultación de nuestra propia verdad, a pesar de la frustración que nos causa al no poder satisfacer aquello con lo que no estamos de acuerdo pero seguimos experimentando. Un ejemplo adicional que ilustra claramente esta situación es, precisamente, el escritorio en sí. Mantener la higiene del entorno favorece la claridad mental, facilita la ubicación de documentos y promueve la concentración en las tareas por realizar.

No es necesario que te aferres a un conjunto de creencias del cual eres plenamente consciente de su inexactitud. Una vez que adquieres nuevos conocimientos, lo cual lleva a una comprensión actualizada de los datos previos, es necesario buscar métodos para incorporarlos de manera coherente. Deshazte de las creencias inconsistentes mientras buscas unas más adecuadas.

Al implementar esta estrategia, los desafíos a los que te has enfrentado durante un extenso período de tiempo se desvanecen por completo, a medida que alineas tus convicciones con tus experiencias personales, en lugar de aceptar pasivamente las opiniones ajenas. El mundo está repleto de numerosas concepciones erróneas, especialmente en los medios de comunicación, lo cual dificulta la confianza en uno mismo y en nuestro propio pensamiento, cuando las personas que nos rodean nos aseguran que estamos equivocados. No permitas que esos pensamientos te sometan. Libérate inmediatamente de ellos, haciendo que tu nueva comprensión de la realidad te lleve a limpiar tu mente de estos datos erróneos y empezar a vivir una nueva realidad inundada con la presencia de tu éxito personal.

La Gestión Del Tiempo En Relación A Tu Realidad

Si tu objetivo es agilizar la administración del tiempo, deberás ser preciso. Con el fin de aprovechar tu tiempo de manera efectiva, es recomendable que te esfuerces por lograr una comprensión precisa y detallada de la realidad. El propósito radica en otorgar la adecuada atención a todos los datos que se te presentan: percepciones sensoriales, hechos, razonamiento lógico, intuición, emociones, entre otros. El objetivo final es lograr la correcta armonización de todos estos elementos. Por lo tanto, es necesario garantizar la congruencia entre todas las percepciones, emociones, pensamientos, expresiones y acciones.

Es necesario que no solo tomes apuntes, sino también te apliques diligentemente para lograr purificar las convicciones. Incluso la simple emisión de un decreto hacia el universo no resulta adecuado para experimentar la vida en línea con ese mismo decreto. ¿Cómo determinarás si tus metas y objetivos están alineados con los ideales que buscas alcanzar? ¿Alguna vez has establecido un objetivo y con el paso del tiempo te has percatado de que resultaba ser un objetivo fútil o intrascendente? Visualice retrospectivamente luego de transcurrir varios años, en los que ha recorrido un extenso trayecto y adquiera conciencia de que cometió un error desde el inicio. Contempla el desperdicio tanto del tiempo como de la existencia misma al invertir un exceso de esfuerzo en algo que, en última instancia, carecía de importancia.

La precisión es un indicador que te permitirá determinar si has seleccionado adecuadamente tus objetivos o no. Si tus metas están fundamentadas en el paradigma más exacto de la realidad, entonces no tienes motivo de inquietud, ya que has desplegado tu máximo empeño y puedes aguardar resultados favorables.

En caso de que no posea un entendimiento adecuado de la realidad que garantice la viabilidad de sus objetivos, le insto a que su principal prioridad sea mejorar la precisión de su conceptualización actual de la realidad. A medida que tu modelo se vuelva más preciso, procede a tomar medidas en consonancia con él. En caso de detectar discrepancias, se recomienda realizar ajustes para mejorar el modelo. Si encuentra que el modelo está bastante mal hecho, comience desde cero y reconstrúyalo una vez más. Una vez que lo hayas finalizado, ponlo en marcha en la vida real. Es necesario que camine con la misma precisión de un reloj suizo.

Siendo sincero, no desearás dedicar el resto de tu vida persiguiendo la perfección en el manejo del tiempo. Si deseas alcanzar mejoras significativas en la administración de tu tiempo, es necesario invertir tiempo en explorar tus creencias, lo cual, a su vez, resultará en una mayor eficiencia y eficacia. Si se enfrenta a una decisión importante con respecto a su tiempo, puede ser necesario tomarse un momento de pausa para comprender la realidad inminente. Sin embargo, una vez que se discierne el camino correcto, puede esforzarse por garantizar que las tareas se ejecuten con eficacia y eficiencia. En ese punto, el sistema de gestión del tiempo puede resultarle útil.

MEJORA LAS IMPRECISIONES

Aunque resulta altamente arduo determinar la validez temporal de tus convicciones, percatarse de tus desaciertos no representa una labor tan compleja, pues estos son perceptibles para cualquier individuo. Por consiguiente, enfoca tus energías en enmendar dichas equivocaciones. Si deseas familiarizarte con ciertos indicios que te alertarán sobre tu predisposición a mantener creencias imprecisas, puedes verificar si presentas los siguientes comportamientos inapropiados: la amalgama de sentimientos, la falta de veracidad, el autodetrimento, el establecimiento de metas incongruentes, el temor al fracaso, la aprensión ante el rechazo, la timidez, la melancolía, el enojo, la frustración, el resentimiento y una postura inepta.

Resulta sumamente sencillo identificar este tipo de incongruencias, ya que es común que las personas las alberguemos simultáneamente. La dificultad radica en acostumbrarse a convivir con ellas. Es frecuente que haya presencia de ellos, sin embargo, no es una situación habitual. Considero que es más común y apropiado que demuestres coherencia. Una vez que hayas experimentado esta sensación, te recomiendo reservar un período de tiempo en privado para reflexionar sobre esta situación de falta de armonía. Con el transcurso del tiempo, irás desvelando una nueva realidad que estarás dispuesto a afrontar.

La conjunción de tu propósito, misión, funciones, objetivos, proyectos y acciones será crucial para brindarte una comprensión actualizada de la realidad, específicamente de tu propia realidad. Si te fundamentas en el discernimiento de la existencia empirica, tus objetivos serán transparentes, tu encomienda será precisa, tus responsabilidades serán definidas y así sucesivamente. Ya has tomado la decisión principal, por lo tanto, los pormenores no revisten tanta importancia. Los pormenores añadirán matiz y concreción a tu existencia, sin alterar su esencia fundamental.

En lo que respecta a la administración del tiempo, la precisión de tus convicciones sobre la realidad, esencialmente, determinará los resultados. En el afán de alcanzar mayor precision y coherencia, es necesario mostrarse paciente con uno mismo. Este afán por alcanzar una mayor exactitud se encuentra en proceso. Es fundamental no contentarse. No debes permitir la presencia de conflictos en tu vida cuando tienes la capacidad de alcanzar la congruencia. En ocasiones, será preciso dedicar una considerable cantidad de tiempo para transformar un conflicto en congruencia, tal como ilustramos anteriormente con las relaciones de pareja. No obstante, el tiempo continúa avanzando, por lo que debes aprovechar la oportunidad que te brinda la vida para implementar un manejo efectivo de tu tiempo y vivir tu vida en plenitud.

Principios esenciales para el manejo eficiente de tu tiempo

La siguiente enumeración te proporcionará herramientas para aprovechar las ventajas de mantener una labor estructurada y, consecuentemente, una vida organizada. Si pones en práctica estos principios, experimentarás una transformación en tu vida, liberándote de las complicaciones que has llevado contigo y sintiéndote ligero, renovado y feliz. Los elementos fundamentales son:

Redacte diariamente un inventario de labores por concretar y procédalas a efectuar.

Mantenga un registro detallado de las tareas semanales junto con los objetivos que tiene previsto lograr.

Organiza las labores en función de los objetivos previo a la elaboración de las listas.

Supervisa el trabajo al finalizar la jornada, realizando una evaluación de los progresos o retrocesos.

Haz uso de instrumentos para agilizar las labores y las tareas laborales.

Desarrolle conductas positivas mientras se deshace de los hábitos negativos.

Es importante adquirir la habilidad de asignar responsabilidades a terceros.

Examina las actividades de menor premura con el fin de enfocarte en aquellas que generen mayores beneficios.

Emplea una pizarra para registrar ideas de relevancia.

Indique cuáles son las prioridades para optimizar el uso del tiempo.

Puedes comenzar a implementar uno o todos estos elementos simultáneamente, con el objetivo de dominarlos en poco tiempo y convertirte en una persona altamente organizada.

La clave para administrar eficientemente el tiempo radica en enfocarse de manera sistemática en las tareas importantes y eliminar aquellas que son urgentes.

Consistir En Tratar A Los Demás Con Afecto Y Deferencia

Brindar un tiempo de calidad a los seres queridos es un claro reflejo del amor que se les profesa. La gestión del tiempo es un aspecto altamente valorado en las relaciones. Si les reserva parte de su tiempo, incluso en medio de su apretada agenda, les debería hacer sentir su amor por ellos, evidenciando el gran valor que le atribuye a su relación. Esta afirmación implica que la inversión de tiempo de calidad favorece el establecimiento de una relación sólida.

La forma más óptima de demostrar afecto y consideración hacia los demás es esencial para cultivar vínculos personales significativos. Adquirir la capacidad de valorar las aptitudes, singularidades, perspectivas y dedicación de los demás resultará provechoso en términos de preservar su éxito y bienestar en las relaciones interpersonales.

Asegurar la autoestima podría igualmente favorecer su progreso al confluir con seguridad, creando así una dinámica de respeto y fomentándola con aquellos que le rodean.

Al demostrar respeto hacia alguien, se evidencia también el amor hacia esa persona. Si tienes consideración hacia una persona, prestarás mayor atención a sus palabras. La escucha proactiva, como es de su conocimiento, debe constituir la principal competencia social. Dado tu profundo compromiso con aquellos que te escuchan, es crucial que te familiarices con esta información. En consecuencia, es razonable suponer que a los demás también les agrada escuchar cuando te diriges a ellos.

Demostrar consideración es una forma adicional de exhibir respeto hacia los demás. Después de haber tomado debida nota, es el momento propicio para proceder en concordancia.

Si detecta algún indicio en el lenguaje no verbal y la entonación de voz de la persona que le brindó una pista sobre su estado emocional, resulta útil emplear dicha información durante la interacción.

El cumplimiento de su compromiso puede ser una manera adicional de evidenciar el nivel de consideración que tiene hacia los demás. El cumplimiento de tus promesas no solo refleja tu integridad, sino que también demuestra un profundo aprecio hacia la otra persona.

Además, el factor temporal desempeña una función significativa al manifestar deferencia hacia los demás.

Es fundamental acatar puntualidad como muestra de respeto. Al considerar el tiempo de alguien como preciosamente valioso.

Es de gran importancia, simplemente demuéstrales deferencia. Se requiere puntualidad y se espera que se respete a los demás, ya que esto puede resultar en un trato recíproco de respeto.

Muestre algunos modales. Si uno tiene consideración hacia una persona, naturalmente le demostrará el nivel de respeto que considere apropiado. Jamás intente interrumpir una conversación. Le insto a ser amable y tener en cuenta el uso apropiado de las expresiones de gratitud y cortesía, como "gracias" y "por favor". Al demostrar cortesía a alguien, se le debe otorgar una sensación de aprecio.

La conexión entre el respeto y el amor es generalmente inherente, por lo tanto, si sientes amor hacia alguien, manifestarás tu respeto hacia esa persona y le concederás el tiempo que justamente merece.

Reserve un tiempo para atender a sus propias necesidades.

Dedicar al menos 15 minutos diarios sin ninguna ocupación puede ser el enfoque más beneficioso que uno puede adoptar para procurar su propia salud. Realizar esta acción debería generar gratitud en las glándulas suprarrenales.

Nunca te digas algo que no le comuniques a tu amigo.

Expresiones como "Tu peso es considerable" "Posees una falta de inteligencia" "Tu apariencia es desfavorable hoy" son aquellas que difícilmente se pueden dirigir a un amigo, así que,

¿por qué hablas así contigo mismo?

No te esfuerces hasta el máximo nunca

Cuando los entrenamientos intensos te brindan una sensación de vitalidad y energía, contribuyen a tu bienestar físico. No obstante, si experimenta fatiga como resultado de su rutina de ejercicios, puede considerar alternativas de menor impacto, como practicar natación a un ritmo suave, realizar paseos en bicicleta de baja intensidad e incluso caminar durante un período de 20 minutos.

Utilidades Básicas Para El Control Eficiente Del Tiempo

No se establecen normativas rigurosas respecto a las herramientas que deben ser adquiridas en caso de emprender una misión orientada a mejorar las habilidades de administración del tiempo.

No obstante, las subsiguientes herramientas de bajo costo proporcionan una opción viable para facilitar y allanar el proceso de seguimiento, planificación y organización del tiempo.

Registro cronológico del observador climático

Este recurso se encuentra disponible tanto en su versión digital como en su presentación tradicional. Resulta beneficiosa para facilitar la supervisión y registro personal del uso del tiempo, con el propósito de identificar aspectos fundamentales susceptibles de ser modificados.

Aunque no es imprescindible disponer de un diario especial, es posible constatar que utilizar uno ya diseñado le permitirá ahorrar tiempo a largo plazo, dado que realiza gran parte del trabajo previo al registro efectivo de sus actividades.

Planificador

Disponibles en formatos digitales y tradicionales, los planificadores son maravillosos para registrar objetivos, tomar notas, realizar un seguimiento de las citas y más. Un planificador resulta indispensable para facilitar la tarea de mantener la organización y mantener centrada nuestra atención en la consecución de nuestros objetivos.

Opte por un organizador que proporcione amplitud para registrar una variedad de citas y metas diarias, aunque tenga un formato compacto que le permita transportarlo cómodamente en todo momento.

Organizador

Estos recursos resultan provechosos en la planificación de un proyecto específico o en la gestión simultánea de múltiples proyectos. Se encuentran a disposición tanto las versiones digitales como las denominadas tradicionales de los organizadores de proyectos, las cuales pueden ser de utilidad para que usted se mantenga al corriente de su labor.

Detección de impedimentos para una administración óptima del tiempo

Al iniciar la implementación de un programa de gestión del tiempo, resulta provechoso llevar un registro detallado de las actividades diarias durante un período de al menos una semana.

Una alternativa para llevar a cabo esta actividad consiste en portar consigo un registro escrito, ya sea un diario o un cuaderno, durante la totalidad del día, durante el lapso en el que se realizará la grabación.

Utilizando el anverso y el reverso de una hoja de papel estándar en su diario, proceda a trazar 12 rectángulos de dimensiones variables, abarcando varias pulgadas de ancho cada uno. Mantendrá una cantidad de 6 en ambos lados. Cada cuadro rectangular simbolizará una unidad horaria, en un período estándar de 12 horas en un día común.

Por favor, proceda a etiquetar cada rectángulo con intervalos de tiempo en horas, como por ejemplo desde las 700 hasta las 800 horas. METRO. En primer lugar, en el rango de 900 a 1000 a. C. METRO. En segundo lugar, y de manera consecutiva. Realizará esta acción diariamente a lo largo de una semana.

Cada bloque está designado para registrar las actividades realizadas durante ese período específico de tiempo. "Un ejemplo de una unidad de tiempo consolidada podría ser;

Durante el horario comprendido entre las 7:00 y las 8:00 am del día lunes, se llevará a cabo el acto de tomar una ducha. Cabello cepillado, dientes. Hice y desayuné. Vestida para el trabajo. Maquillaje aplicado. Talonario de cheques equilibrado. Manejé hasta la oficina".

Le ruego que tome apuntes con la mayor frecuencia posible y sea detallado en la información que registra.

Una vez concluida la semana, le recomiendo que revise detenidamente su agenda y registre los intervalos de tiempo en los cuales podría haber optimizado su aprovechamiento.

Un cierto grado de entretenimiento y ocio resulta fundamental para mantener una buena salud y bienestar en general. Sin embargo, si se observa que existen periodos prolongados de tiempo que no se gestionan de forma eficiente, este se presenta como un punto de partida idóneo para implementar modificaciones en la rutina diaria y adoptar hábitos sólidos de administración del tiempo.

Cómo ayudar a los estudiantes de secundaria a planificar su tiempo
La gestión del tiempo es una habilidad fundamental para todo estudiante de educación secundaria, en tanto les permite administrar eficazmente su tiempo y lograr sus metas académicas y personales. No obstante, resulta frecuentemente desafiante para los alumnos de educación secundaria organizar eficientemente su agenda, pues se ven enfrentados a una abrumadora cantidad de tareas académicas y múltiples

responsabilidades. "A continuación, se presentan algunas opciones para colaborar en la organización del tiempo de los estudiantes de educación secundaria:

Facilitar la definición de metas a largo plazo: Brindar asistencia a los estudiantes para que puedan establecer metas a largo plazo resulta ser una estrategia efectiva para fomentar su capacidad de planificación temporal. Podría brindarles apoyo en la definición de objetivos a largo plazo, tales como "alcanzar una calificación promedio de A-" o "ser admitido en una destacada institución universitaria". Después de que los alumnos hayan definido sus objetivos, podrías asistirles en la descomposición de tales metas en tareas más abordables, así como en la elaboración de un plan de acción con el fin de lograrlas.

Colaborar en la creación de una agenda: La elaboración de una agenda es una medida eficaz para auxiliar a los estudiantes en la planificación adecuada de su tiempo. Usted puede asistirles en la elaboración de una agenda que contemple el tiempo destinado al estudio, las actividades extracurriculares, el empleo a tiempo parcial y los momentos de ocio. Asimismo, puedes colaborar en la definición de parámetros para regular el tiempo que dedican a actividades no académicas, tales como el empleo de dispositivos móviles o la visualización televisiva.

Brindarles asistencia en la descomposición de tareas de gran envergadura en procesos más manejables: En ocasiones, los estudiantes de nivel secundario pueden sentirse abrumados por las dimensiones y complejidad de las tareas académicas. Puedes ayudar a los estudiantes a dividir grandes tareas en pasos más pequeños y manejables para que sean más fáciles de abordar. A modo de ilustración, si un estudiante se enfrenta a la tarea de componer un ensayo de 10 páginas, es posible brindar apoyo descomponiendo el proceso en etapas más manejables, tales como la investigación, la elaboración de un esquema, la redacción de un borrador, así como la revisión y corrección del ensayo definitivo. La descomposición de tareas de gran envergadura en pasos más reducidos puede brindar una sensación de alivio a los estudiantes y les permite elaborar una planificación temporal más eficiente. Facilitar el aprovechamiento de herramientas y tecnología para la organización temporal: Existen numerosas herramientas y aplicaciones que pueden asistir a los alumnos de educación secundaria en la eficiente planificación de sus horarios. Entre algunas de estas herramientas se cuentan aplicaciones de registro de notas como Evernote o OneNote, software de gestión de proyectos como Trello o Asana, así como aplicaciones de seguimiento de tiempo y organización de actividades como Google Calendar o Apple Calendar. Podrías brindar asistencia a los estudiantes en la evaluación de las herramientas y aplicaciones más idóneas en función de sus necesidades individuales, así como en la efectiva utilización de las mismas con el propósito de planificar su tiempo de manera eficiente.

Brimindar asistencia en la superación de las distracciones y en la resistencia a la eventualidad de demorar las tareas: Con frecuencia, la existencia de distracciones y la posibilidad de aplazar las tareas pueden constituir obstáculos en la planificación del tiempo por parte de los estudiantes de educación secundaria. "Usted puede brindar apoyo a los estudiantes para superar estas dificultades mediante diferentes enfoques:

Asistirlos en la implementación de restricciones para el uso de dispositivos móviles y plataformas de redes sociales durante el periodo de estudio.
Brindarles asistencia en la búsqueda de un entorno laboral sereno, exento de elementos distractivos.
Colaborar en la creación de incentivos para recompensar el cumplimiento oportuno de sus labores.

Colaborar en el fomento de hábitos laborales eficaces, tales como abordar en primer lugar las tareas más desafiantes o prioritarias.

Enfoque - Nuestra más preciada forma de energía

Ahora nos adentramos en un asunto sumamente crucial, que es el enfoque. Nuestro enfoque se centra en nuestra forma de energía de mayor importancia. Es nuestra atención. La habilidad de dirigir y concentrar nuestra atención en dichas actividades reviste una importancia crucial en aras de lograr los resultados que anhelamos obtener.

Los individuos que han dominado de manera sobresaliente el enfoque y la concentración son los practicantes de deportes extremos.

Permíteme comentarte sobre un tema, se trata del fenómeno del flujo, el cual es uno de mis intereses más profundos en el que he dedicado una considerable cantidad de tiempo y esfuerzo en investigación durante numerosos meses.

He tenido el privilegio de tener numerosas experiencias.

¿Qué es el flow? No pude hallar una manera de traducirlo al español, ya que "flow" se asocia con la idea de fluir, de un movimiento en constante progreso, similar a un curso natural como el de un río. Un río se encuentra en estado de flujo, no obstante, dada la posibilidad de que su descripción en español pueda ser poco clara, he optado por presentarla en inglés.

El flujo, o experiencia óptima, se refiere a un estado de inmersión total en una actividad donde el tiempo parece desvanecerse y nos absorbemos por completo en lo que estamos haciendo. Es en este estado que la concentración y el enfoque vienen naturalmente.

Es muy probable que hayas experimentado momentos de flujo, en los que te sientes conectado contigo mismo y en estado de máxima productividad. Es esencial destacar que este fenómeno no se encuentra fuera del ámbito científico.

Este tema ha sido objeto de un estudio riguroso y exhaustivo por parte de la comunidad científica en los últimos años, analizándolo con minuciosidad y detenimiento. Y lo que debes tener en cuenta para este punto, es simplemente que el flujo es el estado en el cual avanzamos de manera más rápida y alcanzamos los mejores resultados en el menor tiempo posible.

A continuación, procederé a exponer los conocimientos adquiridos mediante mi experiencia, revelando los más efectivos métodos para alcanzar un estado óptimo de flujo. Exploraré los principales desencadenantes de flujo que se encuentran inherentemente en nuestro ser y, mediante la realización de una serie de ejercicios sutiles, nos será posible integrarlos holísticamente en nuestra existencia, accediendo así a un estado de plenitud y eficacia prácticamente inmediato. ¿Por qué? Debido a que el flujo es un estado intrínseco que presentamos como seres humanos, incorporado tanto en nuestra biología como en nuestra mente y cerebro.

No obstante, debido a la abolición del previo estado de amenaza constante en el que nos encontrábamos, en el que coexistíamos con depredadores y enfrentábamos el imperativo de sobrevivir. Poseemos ya dichos mecanismos; sin embargo, su utilización ha disminuido considerablemente. Es necesario despedirlos para que podamos mantener nuestra concentración. Se encuentran disponibles diversos ejercicios de fácil realización.

Previo a ello, permíteme informarte que aquellos que han dedicado la mayor cantidad de tiempo al estudio de este tema son los practicantes de deportes extremos. El flujo generalmente se presenta cuando estamos expuestos a situaciones de riesgo. Esa es una de las causas del flujo, tal como podrás observar.

Seguramente, ha habido ocasiones en las que te ha ocurrido que mientras te encuentras conduciendo, recibes una señal sonora, como una bocina o una sirena de una ambulancia, y tus sentidos se activan de manera automática.

Súbitamente experimentas temor en ese instante, no obstante, posteriormente, el temor se convierte en un estado de alerta y atención. Te encuentras plenamente presente, sin ninguna distracción externa en tus pensamientos, enfocándote por completo en ese momento. Los atletas de deportes extremos experimentan vivir constantemente expuestos a situaciones de riesgo, en ocasiones poniendo en juego su propia vida. Estos deportes incluyen disciplinas como el esquí extremo, el montañismo, la escalada o el paracaidismo, e incluso el "Base Jumping", donde los participantes utilizan trajes especiales que les permiten planear como si fueran ardillas voladoras, creando un espectáculo impresionante.

El aspecto relevante en esta situación es que dichas personas se encuentran en un estado de flujo continuo debido a las circunstancias que atraviesan. En las circunstancias que enfrentan, es vital que permanezcan alertas, ya que cualquier error en sus decisiones y acciones podría tener consecuencias fatales, llevándolos directamente a un destino funesto donde serían sepultados a una considerable profundidad bajo tierra. Dentro de su ámbito, el flujo se convierte en un imperativo, un elemento imprescindible y fundamental.

No obstante, en nuestro cotidiano, el flujo no es una exigencia, para muchos de nosotros sería considerado como un privilegio. Si no nos encontramos en un estado de fluidez, no ocurrirá absolutamente ninguna consecuencia. En efecto, si no estamos en un estado de ánimo y rendimiento óptimo, no lograremos alcanzar nuestra máxima productividad, sino que nos limitaremos a cumplir de manera mediocre con nuestras metas. Sin embargo, no experimentaremos consecuencias negativas por ello. Nos esforzaremos por mantener nuestras posiciones laborales y garantizar el funcionamiento sin contratiempos de nuestra empresa. Es necesario que tomemos las medidas adecuadas para propiciar las circunstancias idóneas que permitan que el estado de fluidez se manifieste en nuestras vidas.

Entonces, ¿cómo surge?

El flujo se manifiesta a través de diversas circunstancias.

En lo personal, he tenido una amplia experiencia con las técnicas para optimizar el flujo. Me percibo como alguien que ha llevado a cabo una amplia gama de experimentos relacionados con mi propia persona, mi biología, mi mente y mi cerebro. A lo largo de mi trayectoria, he implementado diversas estrategias, algunas han sido efectivas, mientras que otras no me han sido fructíferas en absoluto. De hecho, incluso he incursionado en prácticas como el sueño bifásico.

El sueño bifásico es un patrón de descanso en el cual se llevan a cabo dos ciclos de sueño a lo largo del día. Usted descansa por un período de 6 horas durante la noche y se toma un descanso adicional de 1 hora y media durante el día. Durante un periodo de más de cuatro meses, solía descansar habitualmente entre las 12 y la 1 y media, y llevé a cabo un experimento personal al respecto.

He llevado a cabo numerosas acciones que incluyen la inversión en una amplia gama de programas, tecnologías y software, así como la participación en diversos cursos. Me gustaría compartir contigo las experiencias que han sido más efectivas para mí. No te supondrá ningún gasto aplicar ninguno de estos elementos.

Me gustaría compartir contigo algunos ejercicios prácticos que te ayudarán a activar el flujo de forma inmediata.

Tal como mencionaba previamente, al ocurrir un evento dentro de tu entorno directo, al ser tú el autor de dicho acontecimiento, tus sentidos se activan de manera automática. Permíteme explicarte el funcionamiento de esto:

Ver algo majestuoso

La primera opción consiste en contemplar fenómenos de la naturaleza de carácter magnificente y complejo, tales como el paisaje natural, el firmamento estrellado y una única gota de agua. Desconozco si has experimentado esta situación alguna vez, pero ¿alguna vez has presenciado un ocaso o un amanecer? ¿Has visto una montaña? ¿Has contemplado la bóveda celeste nocturna en alguna ocasión propicia para divisar los astros, inclusive el satélite natural de la Tierra? Permítame realizarle una consulta: ¿Cuál es su estado emocional en ese preciso instante? Usted experimenta una sensación distinta, percibe algo inusual, detecta una anomalía.

Súbitamente podrías expresarlo de la siguiente manera: 'Cómo me encuentro intelectualmente involucrado. Me encuentro en el presente, aquí y ahora, sin distraerme en pensamientos. Me encuentro maravillado, experimentando una sensación de asombro impresionante'. Esta es una de las formas más básicas de desencadenar el flujo de la mente. Si eres capaz de observar un fenómeno natural de gran complejidad, te percatarás de inmediato y te sumergirás en un estado de fluidez. ¿Por qué?

Desconozco la respuesta, en realidad no fui capaz de encontrarla; sin embargo, tengo conocimiento de que esto ocurre. Te animo a realizar el ejercicio si dispones de algún lugar cercano donde puedas llevarlo a cabo. Poseo el privilegio de realizar esta acción, concretamente, cuando consumo mi batido matutino y contemplo la vista panorámica de Bogotá desde una elevada posición.

Me encuentro no solo en un décimo piso, sino también en una ubicación elevada de Bogotá, desde donde disfruto de una vista impresionante de la ciudad, el cielo, las nubes y diversos elementos. Esta panorama tiene el efecto automático de estimular mi flujo creativo. Eso construye muchísimo. Antes de proceder con alguna acción o ingresar a tu lugar de trabajo, es aconsejable dedicar unos minutos para observar y analizar ciertos aspectos. En caso de carecer de recursos tangibles en tu entorno físico, puedes recurrir al uso de internet como alternativa.

Procure buscar un video que capture un amanecer o un atardecer, así como un entorno escénico o incluso una ciudad en un lapso temporal acelerado, lo cual también resulta asombroso. Asimismo, intente localizar una imagen que muestre el firmamento estrellado.

Procura encontrar una actividad que logre captar tu interés, que te permita establecer una conexión con el entorno natural y que posea elementos de complejidad; en caso contrario, te sugiero recurrir a Google Maps para contemplar una vista aérea de tu ciudad.

Un elemento de complejidad observable puede captar tu atención y estimular tu flujo mental de manera automática. Tengo en mi posesión algo que actualmente estoy refinando y que, posiblemente, te compartiré en un futuro próximo.

Se trata de un método eficiente y secuencial para alcanzar y mantener el estado de flujo. Mi rutina matutina revela mi enfoque minucioso hacia las tareas, mi rigurosa organización en todas mis actividades y un meticuloso proceso para lograr concentración máxima, el cual sigo a través de una serie de pasos bien definidos.

Una de las acciones recomendadas, además de contemplar el balcón y observar la majestuosidad de Bogotá desde esta ubicación en elevación, consiste en visualizar un vídeo de un fenómeno natural que me apasiona, conocido como "Aurora Boreal", el cual ocurre en numerosos países del norte de Europa, así como en naciones cercanas a los polos. Estos fenómenos se relacionan con la luz y son de carácter inherentemente natural. Existen videos impresionantes sobre dicho tema los cuales empleo para generar dicha sensación en mi interior y provocarla de manera inmediata.

Por lo tanto, una opción que tienes a tu disposición es observar un vídeo, visualizar una imagen o contemplar algo de índole compleja, preferiblemente relacionado con la naturaleza. Te garantizo que al hacer esto y sumergirte en dicha imagen durante unos minutos, aunque brevemente, experimentarás una sensación distinta, lo cual contribuirá en cierta medida a lo que nosotros denominamos como flujo.

www.ingramcontent.com/pod-product-compliance
Lightning Source LLC
Chambersburg PA
CBHW050418120526
44590CB00015B/2008